2006
五月大
13
红梅传笑意
SATURDAY
六合：猪
三合：马 狗
南东南北
时 庚子
子丑寅卯辰巳午未申酉戌亥

EXTRA!

NO FRAGA

Nº0 ANO 1 - VERÃO 98/99 ESTADO DE M

MILAGRE.

LDO FRAGA COMPROVA: ROUPAS PODEM CU

ASHION
NA NOITE

LS
NA

NA

REVELAÇÃO!

MÁRIO
SAI DO ARMÁRIO
E CONTA TUDO!

PÁG.8

EXCLUSIVO!

MARILYN VIV

MINHA VIDA HOJE É UM SUCESSO!

VERDADEIRA
ACE DE MÁRIO

nhece o Mário? Pois é, saiu do armário!

uem pense que Mário, o anedotário popular, lenda. Mas não. Ele hion victim típico, ele dia cansado da moda e fazia até então. Sem eriu a clausura do

ou sua carreira, hoje onhecida. Armou a cama, começou a atender ali mesmo e colecionou carinhas conhecidas da mídia (homens, mulheres, inclusive figuras fáceis que a-do-ram a ilha de Caras). Entretanto, haja sedução quando a roupinha não ajuda. Foi aí que Mário ouviu falar da moda sedutora do marceneiro estilista Ronaldo Fraga. E se ofereceu para integrar o casting da próxima temporada fashion, deixando finalmente a segurança de seu armário.

O estilista, que coleciona personalidades entre seus clientes, penalizado com o dilema de Mário, decidiu presenteá-lo com toda a linha masculina da nova coleção. Agora, conta Mário, a agenda voltou a transbordar. "Quem quiser um atendimento, que compre uma roupinha nova, e aguarde seu lugar na fila". Atrás do armário, é lógico!

P MODEL REVELA: "MINHA PRIMEIRA VEZ FOI COM RONALDO"

Se o primeiro sutiã a gente não esquece o que dizer então da tão sonhada primeira vez. O monumento de ébano e top model africana Alek Wek rasgou o verbo e jogou a purpurina no ventilador: "Meu primeira veiz foi ótima", declarou em seu leve sotaque inglês, "of course, dear, foi com o divine Ronald."

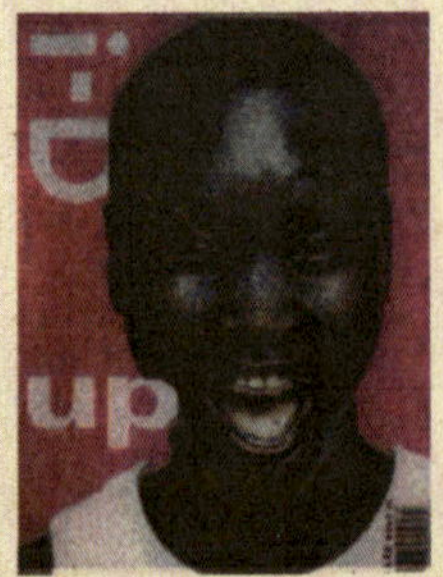

Em tempo: Alek Wek hoje está nas capas das principais revistas do mundo, mas seu debut nas passarelas foi graças ao caça-talentos e estilista Ronaldo Fraga quando este arrasava Londres em chamas.

MARIA A
USA SAIA
A

JOGO DOS SETE

Ilustração de

ROUPA FUNCIONA COMO AIR BAG E EVITA TRAGÉDIA

"Eu acho que isso é coisa da NASA", dispara camelô desconfiado

Depois do crash test de Cláudia Schiffer uma nova e sensacional contribuição da moda provou sua eficácia.

No último sábado a nissei Ladyzilla, 33, casada com o famoso ator japonês Godzilla, pilotava sua Porsche Carrera em alta velocidade na Marginal quando uma galinha não se sabe vinda de onde cruzou a pista. O choque foi inevitável. Por sorte a motorista trajava um lindo modelito air bag desenhado pelo estilista e engenheiro mecânico Ronaldo Fraga. Abalada, Ladyzilla na hora ligou para sua manicure para providenciar o imediato reparo da única perda do acidente: uma unha postiça de porcelana da Dinastia Ming.

...U GORDO ...OU FELIZ!"

...barriga e fez sucesso com a mulherada

...er,
...é
...x-
...do
...al.
...os
...m
...es

eu era fortão, malhava o dia inteiro". Percebendo que essa de levantar peso não era a dele, José mudou de vida. "Adoro ser gordo", exulta ele, "principalmente porque as mulheres têm mais área de contato".

Baldwin já confirmou sua presença na avenida para o carnaval de 99 e vai além: "Estarei elengantérrimo vestido com as criações de peso do nutricionista e estilista Ronaldo Fraga", declara, "vai ser demais!".

BOMBA! BOMBA!

MÚMIAS DO EGITO JÁ USAVAM RONALDO FRAGA

por Tutti Camom, enviado especial ao Cairo

Após a fantástica série de descobertas no Egito realizadas por Lord Carnavon durante a década de 20, mais segredos se revelam das areias do Saara. Recentes escavações conduzidas pelo estilista e iminente membro da Real Sociedade Britânica de Arqueologia, Sir Ronald Fraga, chocaram o mundinho fashion.

Um casal de múmias foi encontrado no Vale de Gizé, vestido com modelos em perfeito estado de conservação. Sob o efeito dos holofotes elas se levantaram, saíram correndo e só foram encontradas se jogando numa rave das mil e uma noites da cidade do Cairo.

ROUPA *LEVANTA* MORAL

"Nem viagra, nem catuaba, meu negócio é Fraga!"

O ator de filmes de sacanagem Ric Ricardo, 69, que um dia levou ao êxtase as centenas de atrizes que contracenaram com ele nos seus 20 anos de carreira, há 6 meses passou a conviver com o fantasma da meia bomba. "Meu mundo caiu e de repente as coisas não estavam tão sólidas como antigamente", esclarece Ricardo.

Ele tentou de tudo, d[...] concent[...] Viagra [...] digo, c[...] pornô.

Solu[...] nas roup[...] Ronaldo [...] volta às [...] às veze[...] com a [...] despon[...] musa M[...] um cava[...]

EBEU FAX
ALÉM

on psicografa mensagem
para Saint Laurent após
porar Nostradamus

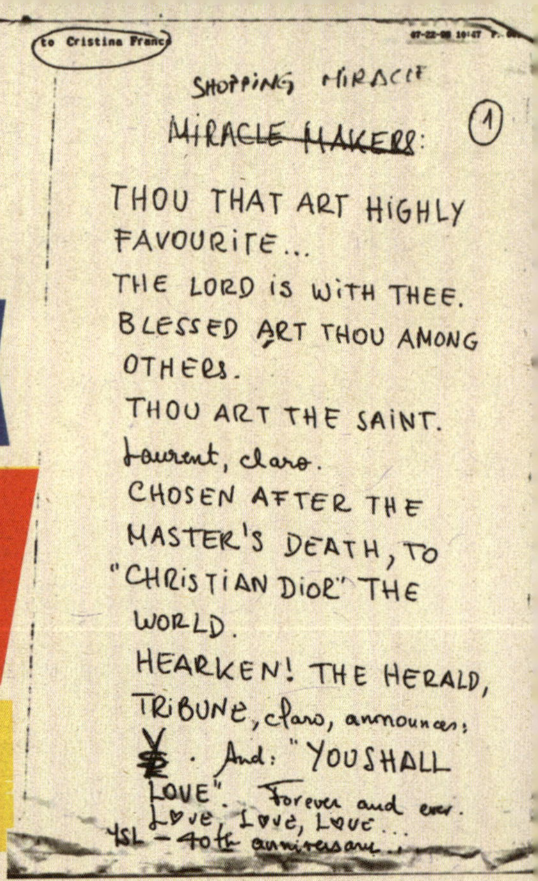

to Cristina Franc

SHOPPING MIRACLE
~~MIRACLE MAKERS~~: (1)

THOU THAT ART HIGHLY
FAVOURITE...
THE LORD IS WITH THEE.
BLESSED ART THOU AMONG
OTHERS.
THOU ART THE SAINT.
Laurent, claro.
CHOSEN AFTER THE
MASTER'S DEATH, TO
"CHRISTIAN DIOR" THE
WORLD.
HEARKEN! THE HERALD,
TRIBUNE, claro, announces:
¥$. And: "YOU SHALL
LOVE". Forever and ever.
Love, Love, Love...
YSL – 40th anniversary.

A IMPLORA: DENNER, CLÔ, VOLTEM!!

editora de moda do Diário de Nanuque

nforto para nada mais tos de São r falta de os "novos ergentes", de

maquiagens monstruosas, caveiras, máscaras, santos, sombrinhas enfeitadas, "amigos famosos", perucas de bombril, pés de galinha (pasmem!), tranças coloridas, porta-sexos à mostra, entre outras coisas de muito mal tom.

Pertenço a uma época em que os desfiles eram sérios e os estilistas idem. Não se brincava, se fazia. Agora, para tapear a falta de conhecimento, justificam tudo com o tal do conceito. Fico triste por este momento estagnado que a moda está passando no Brasil. E agora, mais do que nunca, vejo claramente o espaço vazio e enorme que Denner e Clô deixaram.

PS: Coleguinhas editoras de São Paulo e da Capital, me desculpem. Mas elegância ainda se faz com tafetá e seda pura!

PRONTA PARA O ABATE

Adolescente entra na linha, encara o trem e já se diz pronta para o abate

Gina Loloborges, 18, é uma das 66 habitantes da quente e poeirenta cidade de Petimboca do Mato Dentro. Foi lá que ela conheceu o estilista e ator Ronaldo Fraga que passava por ali com seu Teatro Mambembe de Moda e Estilo, o T.M.M.E.

A partir do encontro Gina Loloborges passou a usar aquelas roupas no mínimo inéditas e soltou a franga. "Eu cansei de ser aquela tonta que eu era antes. Eu quero é arrasar!" Suas roupas ousadas e sua sensualidade selvagem à flor da pele tem escandalizado a pequena cidade. Ela tem desencadeado ataques carnais nos pacatos cidadãos e se exibido em público em absurdas cenas de estilo. As fofocas dizem até que sua performance animal é sustentada por sessões de assalto ao açougue, onde se alimenta de carne crua. O açougueiro Epaminondas Costinha nega o suposto fato mas conhece a fama de Gina e emite o diagnóstico: "Parece que ela está com a vaca louca".

CONFISSÕES DE MARININHA

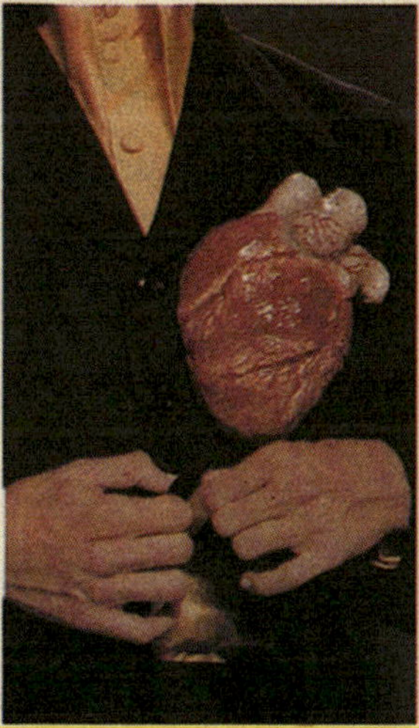

por Marininha Felfelli

Era uma vez... um vendedor de milagres... que se chamava Ronaldo Fraga... e assim tudo começou!...

Quem é esse tal de Ronaldo Fraga? Este dito cujo...cujo não é dito! Ronaldo, milagreiro...das pessoas pelas pessoas. Ronaldo, sem tendências: a tendência...

... e assim continuou... Não sou Eva, detesto maçã... mas a galinha me seduziu (não a cobra)!... Sob aplausos frenéticos descubro um Ronaldo arrojado e criativo (isto no Phytoervas) ... Numa entrevista me perguntaram o que eu tinha achado do desfile de Mr. R.F.: " Até agora ser galinha era pejorativo e ofensivo, a partir do desfile do Ronaldo eu quero... preciso... necessito SER GALINHA (diga-se não uma galinha): ela é colorida, divertida, superlativa e fashion... ela é tudo!...Ronaldo é meu herói! Viva, Marina la Gallina "...

Descobertas e risadas, amizade e admiração foi o saldo deste primeiro impacto... e definitivo! E entre loucos

desvairados
do dietil e s
Fraga abusa
ele tudo é o

De que

Do mes
planeta em
sonhos e ve
de ser você
por cima fe

Ronaldo
verde e ama
plural, é sin

Visionár
mas sim eu.
fashion...Ve
bicicleta Ca
liberdade...

... e ele
atravessa se
Ronaldo é...
amigo!..Ron
aval) ... e q

"EU QUERO SER GALIN

NÃO SE SGRUDAM IEM PARA ROCAR DE ROUPA

GRE!

xipófagas continuam unidas pel estilo

Quem não se lembra irmãs Ivana e Ivone, famosas xipófagas causaram espanto e como na década de 70? Filhas famosa dupla circense Ma Maravilhoso, o atirador facas e Wonder Olga, a mu barbada, pareciam prec tinadas a chamar a aten apenas por sua condição aberração humana.

Redescobertas pelo v nário e estilista Rona Fraga, as irmãs deram a v por cima - da carne seca hoje são a sensação desfiles da alta-costura Paris, dividindo a passa com as top models famosas do mundo.

MILAGRE PARA SÃO JORGE É FICHINHA

por Carol Garcia

" Os santos são homens cujos nomes são justamente reverenciados entre os homens; mas cujas ações são reconhecidas por Deus."
(Papa Gelasius, em 494 A.D.)

Era travesso aquele guri. Enfrentou dragões, resgatou princesas, correu risco de vida e foi sentenciado à morte. Vagando pela Inglaterra e Turquia para tornar preciso – e precioso – seu caminho, descobriu combinações originais. Sobreviveu às torturas, converteu a imperatriz e virou divindade até em terras estrangeiras. Veio parar no Brasil, onde trocou o codinome britânico para conquistar uma legião de devotos. Vive no mundo da lua com a mesma disposição com que encara a dureza metálica das Minas. É simbolo de luz contra as forças do caos. Milagre para São Jorge é fichinha. Ronaldo Fraga não deixa por menos.

São enormes os perigos desta vida. Por isso mesmo, Ronaldo veste-se com as armas de Jorge e segue a pista de novas descobertas. Cria roupas que atravessam corajosamente as fronteiras. Do tempo, do espaço, do modismo. Ao invés de comportar destinos, abrem-s outras ruas e admitem bifur Pensá-las como molduras é p las nas poeiras do eterno. disso. Por elas passa o mun berço de terna anarquia, esq grandes encontros, obser privilegiado de muitos parad espada que salva e que ceifa.

Da memória, colhe frag para incorporar projetos de f com ele interage em sutil co Às vezes humor, fulgurante. sentimento, intimista. Em tem que dragões estão mais prese horóscopo chinês e candid princesa andam tão preoc com o sapatinho que não cons ver a fada madrinha, o moço a ignição da magia. Para espa alguns e deleite de todos, f divinamente.

E é assim que avança o trabalhador. Destemido, ru novo. Fazendo a sua prece rea pequenos milagres do cotidi fundo, os maiores deles. Po que de mais belo tece é a alma que veste.

Carol Garcia é jornalista de moda e te incrível na vida e em todas as pes

COSACNAIFY

coleção MODA BRASILEIRA

RONALDO FRAGA

AQUINO (ALFAIATE)
Rua Espirito Santo, 317 - Bello Horizonte
MODELOS DE INVERNO
Casa predilecta das pessoas que sabem Vestir om Elegancia
"Grande stock de 'Gabardine' impermeavel Kaki, Oliva, Mescla, Sienne, Azul ultima moda para "Raglants".
ESPECIALIDADE EM TERNOS DE SPORT

MULHERES FICTÍCIAS

GLORIA KALIL

Ronaldo Fraga não põe a moda na vida. Põe a vida na moda. A vida filtrada por sua memória afetiva, cheia de imagens infantis ou de acontecimentos assombrosos, felizes ou até mesmo dolorosos, da atualidade e da difícil idade adulta.

Ele não é um estilista pós-moderno que enxerga o mundo como um espelho fragmentado onde nada faz sentido, sem nenhuma conexão com o passado nem com a emoção. Ronaldo Fraga não cria roupas para pessoas sem cenário, sem lembranças, sem humor e sem história. Sua força criativa é movida por imagens que vão se transformar em profissões de fé, protestos, festas, celebrações, sons, coreografias e... roupas.

Sua moda jamais será apresentada numa passarela branca e *clean*. Mineiro que é, carrega no olhar e na inspiração o barroco da sua terra, que ele impregna, enfeita e reborda nas peças que desenha e nos desfiles que fantasia. Um desfile de Ronaldo Fraga é esperado com a mesma ansiedade com que se antecipa um espetáculo teatral ou de dança de um grupo do qual se é seguidor fiel e encantado. Desfiles que são manifestos em favor da liberdade, da graça, da poesia; ou libelos contra o preconceito racial, o trabalho escravo, o mundo cruel das prisões ou qualquer outro tema que fascine ou perturbe seu universo particular.

A moda, para este estilista, é apenas um dos elementos da peça que está sendo montada naquela estação. Depois de se apaixonar por um tema, Ronaldo cuida pessoalmente da cenografia, sempre surpreendente e completamente diversa da apresentação anterior, escolhe a trilha sonora com o carinho de quem tem uma ligação forte e antiga com a música, pensa no cabelo e na maquiagem que seus personagens vão usar, para depois vesti-los.

O resultado é um desfile-acontecimento que nos leva para algum canto de seus pensamentos, esperanças ou preocupações. Já viajamos com ele para o mundo das falsificações e da mania das brasileiras de usar grifes no desfile *O império do falso na bacia das almas*; já voltamos aos anos da bossa-nova para reencontrar Nara Leão no desfile *Nara Leão ilustrada por Ronaldo Fraga* [pp. 128-35]; já estivemos com ele nos anos da ditadura lembrando um de seus sofridos personagens em *Quem matou Zuzu Angel?* [pp. 32-9] e nos divertimos juntos em um de seus primeiros desfiles, *Eu amo coração de galinha* [pp. 10-3]. Ao longo da carreira, foram mais de 25 desfiles (ou shows? ou peças?). Uma produção que poucas companhias de teatro têm no currículo, mas que acontece apenas duas vezes ao ano, não dura mais do que fugazes 25 minutos, e nunca mais se repetirá.

As roupas de Ronaldo Fraga, para mulheres, homens ou crianças, são como ele: inventivas, pouco convencionais, cheias de referências infantis e vagamente nostálgicas. Não entram nesse universo a sexualidade explícita, as tendências fáceis da moda, os apelos comerciais, nenhuma gota de vulgaridade. Jamais numa passarela deste cidadão belo-horizontino vão desfilar um decote exagerado, microssaias vertiginosas, fendas provocantes. "Não peça para eu, mineiro, fazer uma roupa de bumbum de fora e clima de beira de praia. Eu não sei fazer isso", declarou uma vez, sentado embaixo de uma árvore, no quintal de sua loja paulistana. Não se trata de falta de audácia: é mineirice mesmo, que a distância do mar e a proximidade com os anjos e os santos das igrejas proporcionam. Essa paisagem moldou este estilista reflexivo e recatado, cheio de humor e atrevimento que fazem suas roupas terem a personalidade e a autoria tão facilmente reconhecidas quanto sua figura gentil e sorridente, sempre de óculos, cabelos esculpidos e roupas em proporções e cores insólitas.

EU AMO CORAÇÃO DE GALINHA

A coleção INVERNO 1996 é uma metáfora em torno da construção de uma identidade própria, o universo privado *versus* o público. Cada *look* é único, com mistura de tecidos como o veludo de seda e a lã reciclada com aspecto de cobertor, todas as peças forradas de seda pura estampada com florzinhas. Os botões são de resina em formato de coração de galinha, e os acessórios, insólitos como a bolsa ovo-frito e a bolsa galinha-morta. Nos pés, o tradicional Kichute customizado com grama sintética e textura imitando milho moído. Na cabeça, o estilista unifica o *casting* com perucas de Bombril.

A coleção VERÃO 1996/97 leva para a passarela a saga familiar de dois personagens imaginários em clima de Nelson Rodrigues. A roupa como moldura da história. O desfile começa com roupas inspiradas em vestidos de batismo, roupas de primeira comunhão. A coleção evolui por todas as fases, até a decadência física e a morte. Os estilos e modelos envelhecem ao som de Nelson Gonçalves. Os tecidos são seda pura, algodão e uma mistura de lamês, chamalotes e jérseis, xadrezes e listrados de uniforme de futebol.

ÁLBUM DE FAMÍLIA

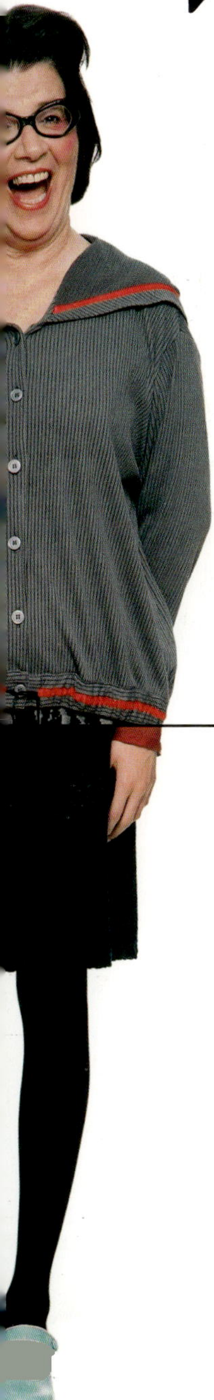

A coleção INVERNO 1998 é uma continuação em versão pseudo-sofisticada de *Álbum de família* [pp. 14-7]. Desta vez, a família sai do universo público e senta-se em torno de uma mesa de jantar. As modelos entram na passarela comendo sofisticados pratos da culinária francesa, mas terminam misturando feijoada e macarrão. É quando os esqueletos do armário familiar resolvem participar da festa. Roupas sobrepostas, misturas de códigos — esportivo e roupa de festa, masculino e feminino.

O JANTAR

AS CÉLULAS DE LOUISE

A coleção INVERNO 2000 é inspirada no universo da artista plástica Louise Bourgeois, considerada pelo estilista a versão feminina de Arthur Bispo do Rosário. A roupa parece estar sempre por um fio, com técnicas e efeitos de tapeçaria. O corpo apareceu, pela primeira vez, como uma estrutura imaginária: os modelos desfilaram roupas coladas na parte da frente do corpo, vestindo apenas uma malha cor da pele, tom que estrutura a cartela de cores, junto com vermelhos, verdes, vinhos e grafites.

Na coleção INVERNO 2001, a história de amor entre um judeu ortodoxo e uma cristã coloca em questão tradição e modernidade. Signos da arte e da cultura judaica estão em bordados e estampas em linho resinado, gazes de algodão e *tweeds*. A cenografia trazia na boca de cena um muro das lamentações brasileiro feito de tijolos expostos e milhares de pães espalhados na passarela.

RUTE-SALOMÃO

A coleção VERÃO 2001/02 aborda os anos de chumbo ao contar a história de Zuzu Angel, a estilista brasileira que usou a moda como instrumento de protesto e denúncia. Nuvens azuis e chuva de sangue, cata-ventos verde-amarelos de propaganda do período militar, azulejos dos anos 1970, samambaias e andorinhas de alpendres. Nos tecidos o algodão colorido com pigmentos naturais, estampas de lençóis. Sensualidade velada em formas que sugerem um corpo imaginário. Na cenografia bonecos de pano em posições de tortura.

QUEM MATOU ZUZU ANGEL?

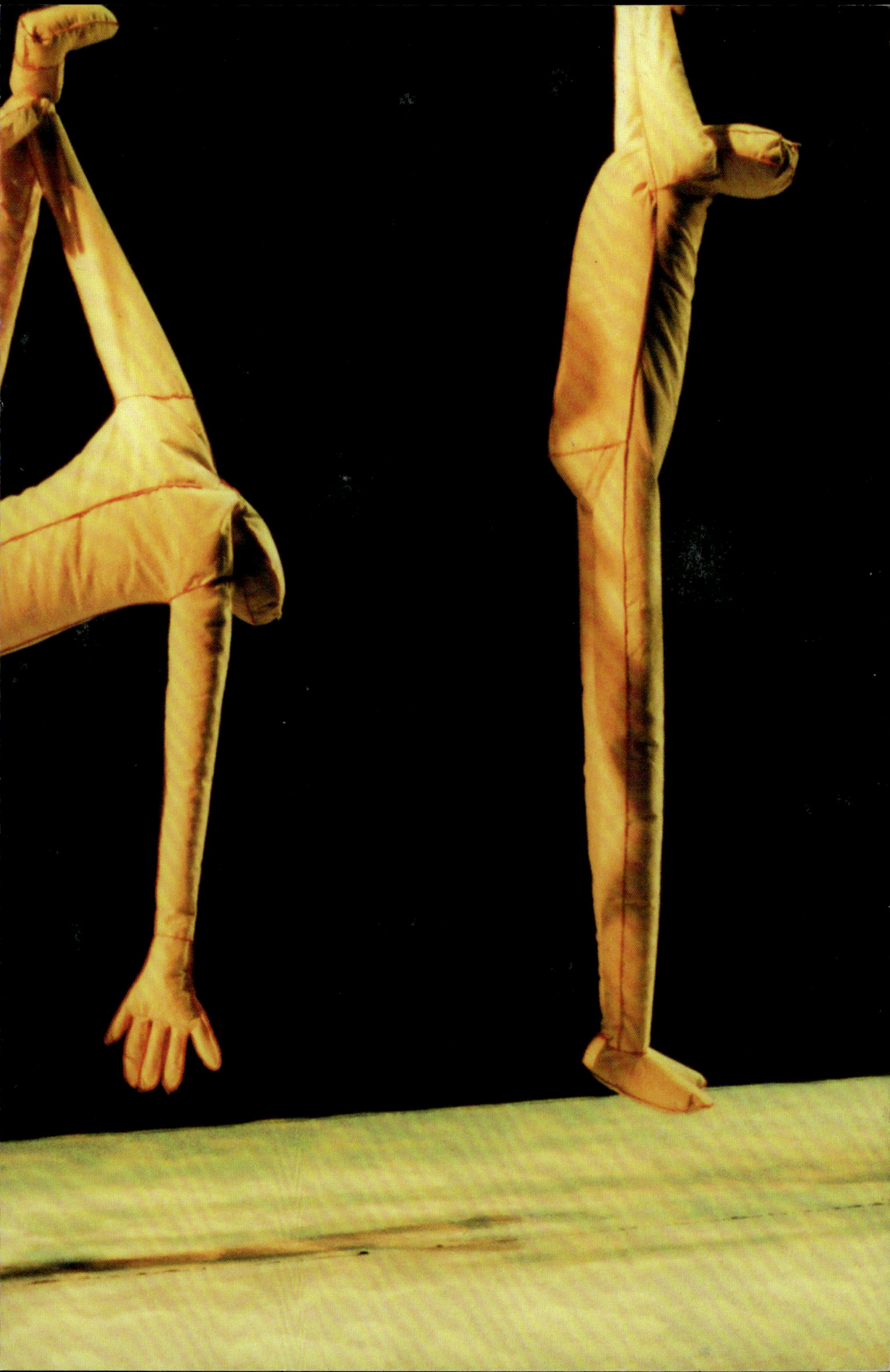

CORPO CRU

Após o 11 de setembro, a coleção INVERNO 2002 tem por inspiração o dia em que o corpo abandona a roupa, cansado de ser subjugado por ela. Bonecos de madeira em um carrossel de açougue exibem peças cuja modelagem sugere volumes incomuns, transposição de pences nas costuras, acabamentos ao avesso, estampas de carne crua, peitos de borracha e falsas tranças. Ironicamente, no meio do espetáculo a estrutura quebra e as camareiras entram carregando os bonecos vestidos. Era o corpo real tomando o seu lugar. A platéia, ao observar o salto mortal do trapezista, perguntava-se: foi proposital?

CORDEIRO DE DEUS

O ponto de partida da coleção VERÃO 2002/03 é uma carta de amor fictícia, escrita pelo detento Jesus da Silva Santos para sua amada que nunca aparece. As roupas, inspiradas em um domingo de visitas no presídio do Estado, trazem bordados feitos durante uma oficina ministrada pelo estilista para detentos da penitenciária José Maria Alckmin, em Ribeirão das Neves. Nas estampas, grafites de tatuagens do universo penitenciário. Sarjas de algodão, tricôs, sedas acetinadas e estampas listradas. A cartela de cores tem forte apelo popular, com verdes, rosas e azuis.

São Paulo, 15 de
de 2007
Querida
transporta
pela
em um
estrelas
ducha
de
apaixonado
de Rosas, ambos
por ti. Rita Cadilac
são
Senhora
Jesus
Mesmo e

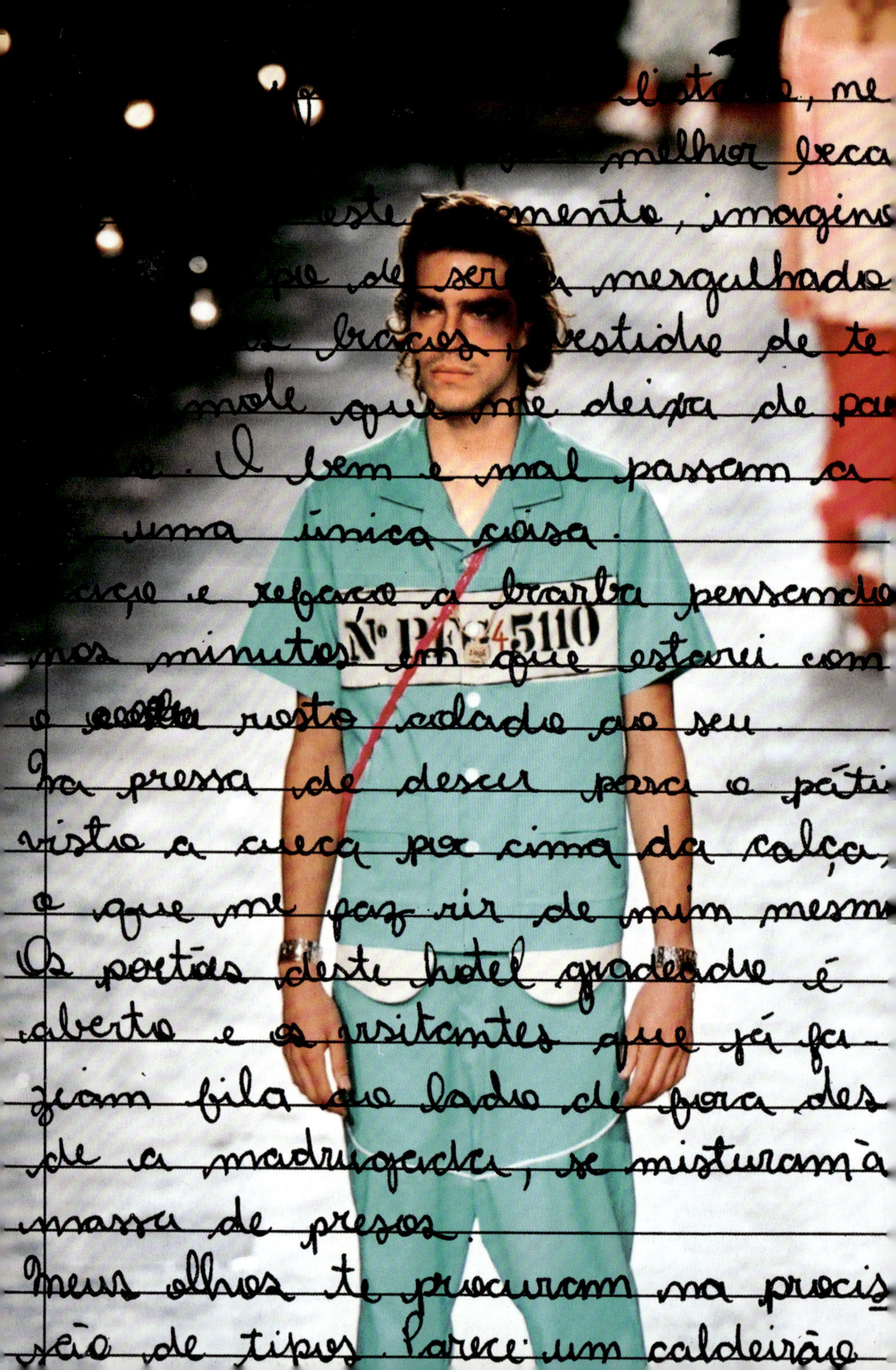

listado, me
melhor beca
este momento, imagino
po de ser mergulhado
s braços, vestido de te-
mole que me deixa de pa
e. O bem e mal passam a
uma única coisa.
aço e refaço a barba pensando
nos minutos em que estarei com
o ~~outro~~ rosto colado ao seu.
Na pressa de descer para o páti-
visto a cueca por cima da calça,
o que me faz rir de mim mesm
Os portões deste hotel gradeado é
aberto e os visitantes que já fa-
ziam fila do lado de fora des-
de a madrugada, se misturam à
massa de presos.
Meus olhos te procuram na procis-
são de tipos. Parece um caldeirão

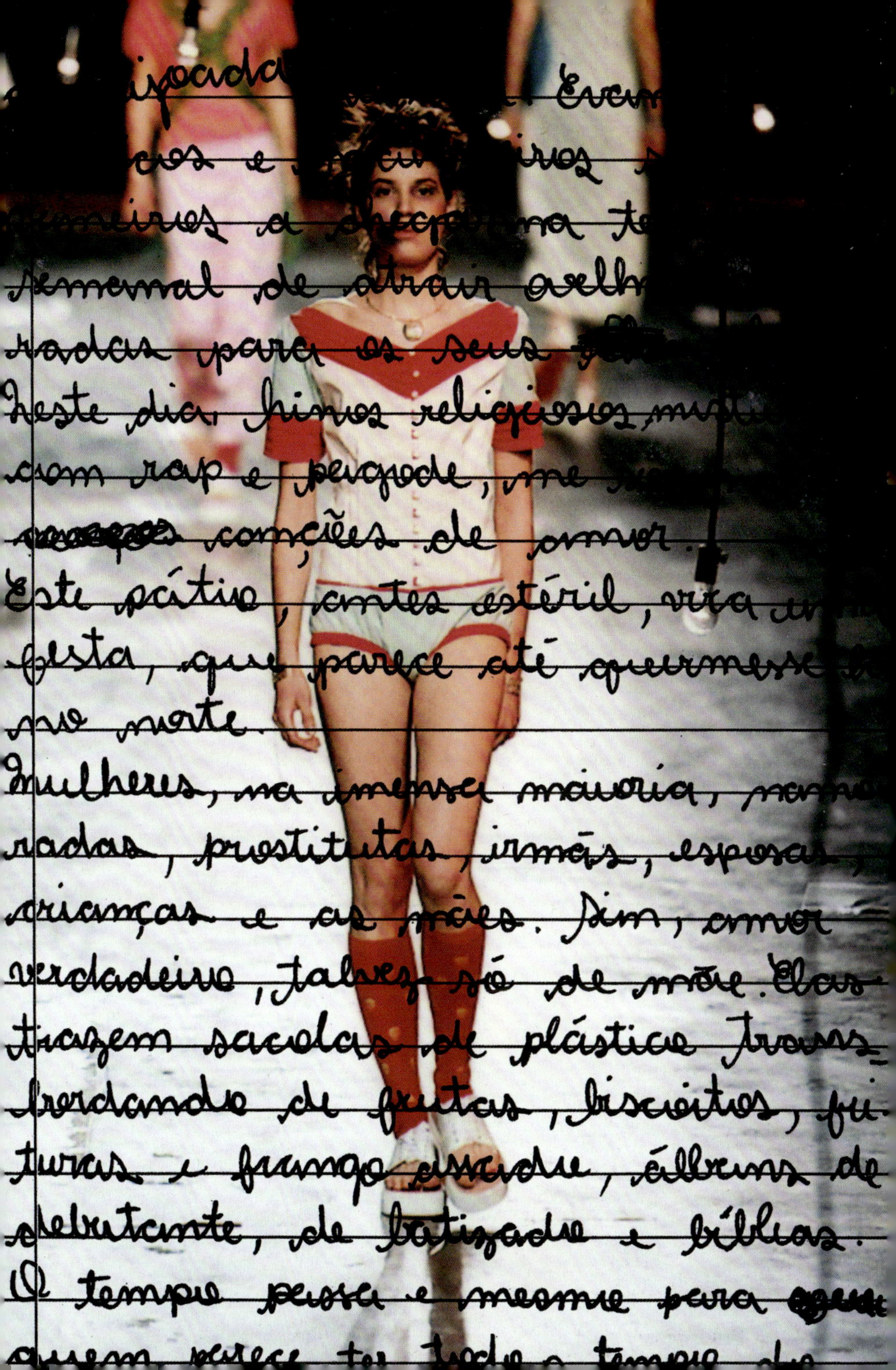

semanal de atrair
radas para os seus
Neste dia, hinos religiosos,
com rap e pagode,
canções de amor.
Este pátio, antes estéril,
festa, que parece até
no norte.
Mulheres, na imensa maioria,
radas, prostitutas, irmãs, esposas,
crianças e as mães. Sim, amor
verdadeiro, talvez só de mãe. Elas
trazem sacolas de plástico trans-
bordando de frutas, biscoitos, fi-
turas e frango assado, álbuns de
debutante, de batizado e bíblias.
O tempo passa e mesmo para

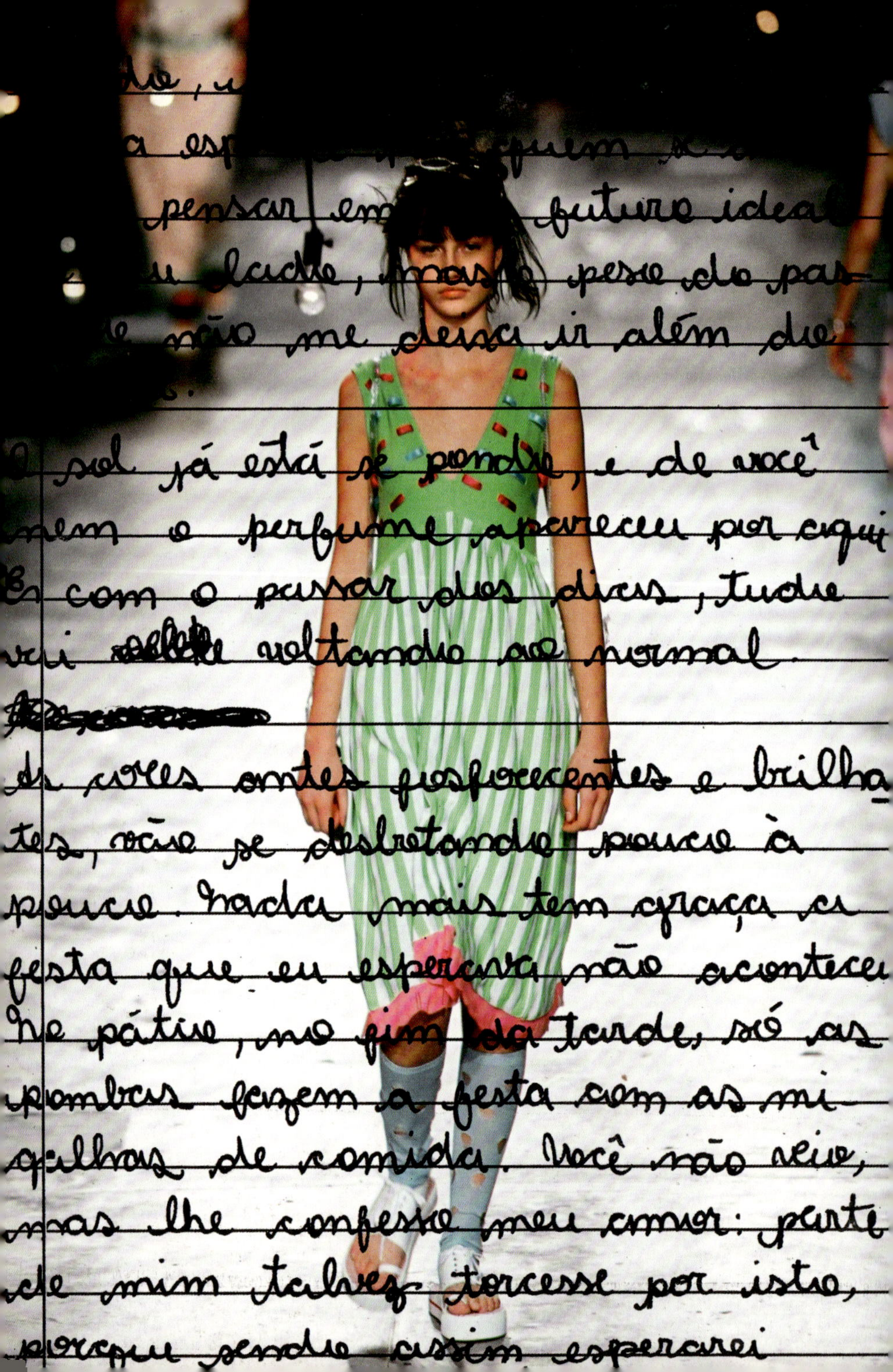

...de, ...
a esp... quem s...
pensar em ... futuro ideal
...u lado, mas o peso do pas-
...e não me deixa ir além do
...s.

O sol já está se pondo, e de você nem o perfume apareceu por aqui. E com o passar dos dias, tudo vai voltando ao normal.

As cores antes fosforecentes e brilhantes, vão se desbotando pouco à pouco. Nada mais tem graça, a festa que eu esperava não aconteceu no pátio, no fim da tarde, só as pombas fazem a festa com as migalhas de comida. Você não veio, mas lhe confesso meu amor: parte de mim talvez torcesse por isto, porque sendo assim esperarei

Jesus da

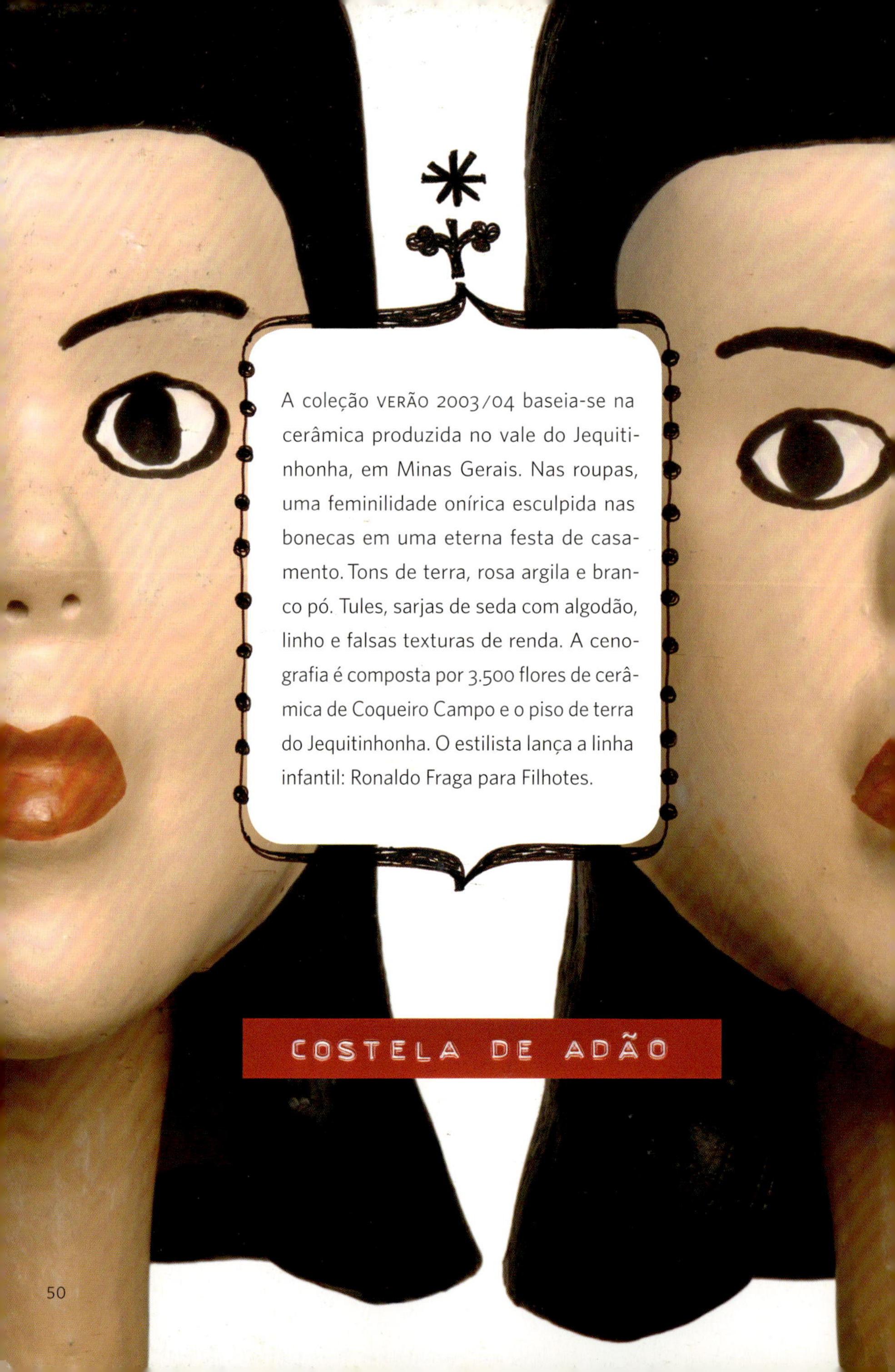

A coleção VERÃO 2003/04 baseia-se na cerâmica produzida no vale do Jequitinhonha, em Minas Gerais. Nas roupas, uma feminilidade onírica esculpida nas bonecas em uma eterna festa de casamento. Tons de terra, rosa argila e branco pó. Tules, sarjas de seda com algodão, linho e falsas texturas de renda. A cenografia é composta por 3.500 flores de cerâmica de Coqueiro Campo e o piso de terra do Jequitinhonha. O estilista lança a linha infantil: Ronaldo Fraga para Filhotes.

COSTELA DE ADÃO

LUCIMAR

FÁTIMA

Uma crônica para Lupicínio Rodrigues, compositor das músicas dor-de-cotovelo. Na coleção INVERNO 2004 homens e mulheres chegam em casa, pela manhã, após uma noitada de amor. Um clima de glamour decadente dos anos 1930 e 40, reforçado por antigos brocados, riscas de giz, estampas de Viagra e florais rendados sobre algodão colorido da Paraíba. Nesse universo, o homem em papel coadjuvante, virado do avesso pelas mulheres, perdido de amor.

QUANTAS NOITES NÃO DURMO

só age mediante estímulo sexual

só age mediante estímulo sexual

SÃO ZÉ

O processo de criação musical de Tom Zé é a referência da coleção tropicalista do VERÃO 2004/05, criada com base em peças desconstruídas. Estamparia elétrica, com elementos que emitem som, ventilador, liquidificador, acendedor, telefone celular e bocas gritando. Tecidos vazados a *laser*, bordados com fios de plástico de cadeira, tons vibrantes e botões prateados gigantes. Na cabeça, fibra óptica reflexiva; nos pés, sapatos estampados com peixes escamados.

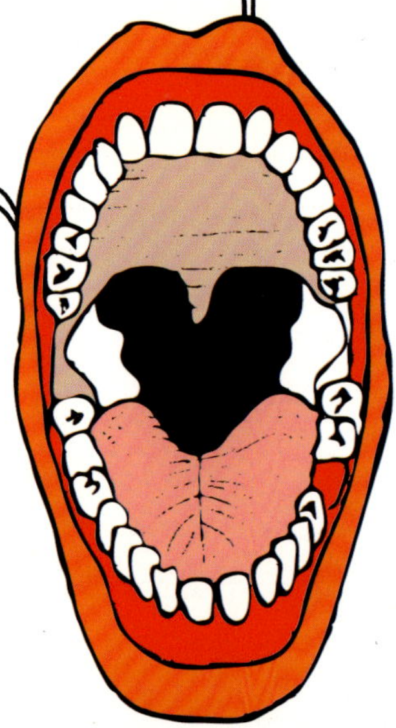

O ORIGINAL FOI CLASSIFICADO PARA EXPOSIÇÃO
COMO:
LIVRE

A

N

H

A S S

Y A B V C J

I E

O Q V P

DP

G

G

Y F

M O

L

L R E

Z K A

H

INSTRUÇÕES

1. - Mergulhe a Decalcomania n'água aproximadamente 1 minuto.

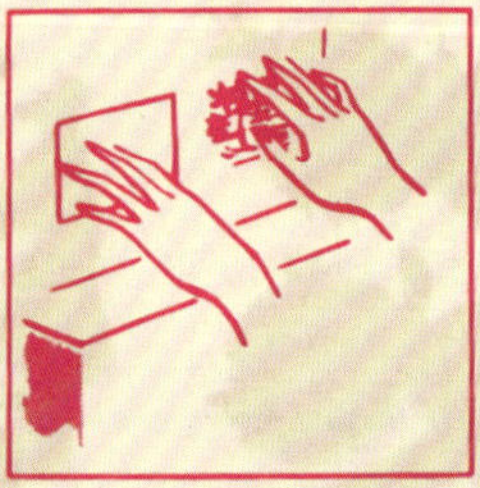

2. - Faça deslisar suavemente o desenho sôbre a superfície em que deve ser fixado, retirando ao mesmo tempo o papel base.

3. - Estando o desenho no lugar certo, alise-o e deixe secar.

É UM PRODUTO DA Cromocart

Indústria Brasileira

1000-8/669-A1

POR UMA POÉTICA DO LUGAR-COMUM

CAROL GARCIA

São dezesseis reais.

Mas é muito caro para uma galinha.

Mas essa não é uma ave qualquer. Você pediu uma galinha que desfile.

O taxista coçou a cabeça. Era tarde. Ainda precisava enfrentar o complicado trânsito paulistano para levar a galinha à Fundação Bienal. Se a encomenda não tivesse sido feita por dona Ieda Amaral,[1] merecedora da admiração dele, aquelas penas nunca teriam repousado no interior de seu veículo com assentos quase engomados. Ele estranhou. Dona Ieda era uma pessoa fina e viajada. Por mais que tentasse, não conseguia imaginá-la matando galinhas. Ainda mais no parque do Ibirapuera. Mesmo assim, achou melhor telefonar. Do orelhão, claro. Em 1996, quando celular era artigo exclusivo de gente bem-nascida, dona Ieda já tinha um. Mal escutou a resposta, de tanto barulho, em parte causado pela galinha cacarejando em seus braços. Mas entendeu que tinha que entregá-la. "E traga a nota fiscal", disse ela.

O recibo amarrotado ainda está guardado com Ronaldo Fraga. Essa é uma das inúmeras lembranças que desfilam no repertório insólito, divertido e encantador com o qual ele inventa coleções cheias de personalidade. Preocupado em levar a estética da efemeridade à bancarrota, o estilista é incapaz de esquecer o momento em que um atônito taxista lhe entregou, em mãos, a modelo indispensável ao *casting* do seu primeiro desfile no Phytoervas Fashion. Ronaldo Fraga é um incansável produtor de atordoamentos. Enxerga o universo público através da cortina esfumaçada da vida privada, e faz de cada performance *fashion* um esperado acontecimento.

Na maioria das vezes, o que amarra uma coleção à outra é a colagem caleidoscópica de distintos elementos da cultura.

Dentro de uma antiga caixa de biscoitos Aymoré, onde guarda sua papelada importante, estão não só os recibos da famigerada galinha como também santinhos de batizado, noivos de *biscuit*, diplomas dos pais, bilhetes escritos à mão e até um mordiscado Topo Gigio, famoso rato de brinquedo dos anos 1970.

Ávido por manter discussões bisbilhoteiras com tempos e espaços aparentemente a léguas de distância das vitrines, Ronaldo dissolve as fronteiras entre preciosidades e quinquilharias. Em épocas de minimalismo[2] e discrição como foram, por exemplo, os anos 1990, personagens como a galinha atrevida, bolsinhas em forma de ovo frito, vestidos de babadinho e perucas de palha de aço levaram o estilista a enveredar pelas trilhas de um Brasil caboclo, interiorano e *low tech*. Graças à galinha e a uma legião de outros personagens impagáveis, o criador colocou o humor na cesta básica da moda nacional, apesar de levá-la muito a sério. Com essa fina ironia, abocanhou o prêmio de estilista revelação no Phytoervas Fashion em 1996, passou pela Casa de Criadores e, finalmente, instalou-se no elenco da São Paulo Fashion Week, em 2001. Ao contrário do que parece, de lá para a Semana de Moda de Tóquio não foi um pulo, mas uma longa jornada de aprendizado.[3]

Antes de *Eu amo coração de galinha*, inverno 1996 [p. 10-3], a moda nacional andava meio distraída. Até aquele momento, praias, coqueiros, bumbuns e outras fábulas tropicais dividiam espaço com desbotadas telas estrangeiras, muitas vezes inadequadas ao clima e ao jeito de ser dos brasileiros. Foi preciso que esse sujeito com óculos de aros impertinentes reunisse histórias de vida em torno da máquina de costura para engatar uma vivência à outra e ir tramando cores, texturas e formas numa fabulação incomum.

Enquanto a maioria mirava o horizonte, borbulhas de memórias afetivas foram construindo pontes entre Ronaldo Fraga e o interior de si, do país onde nasceu e da espécie à qual pertence. Compartilhando sentimentos coletivos, ele entende a moda como um ato político e se posiciona firmemente diante de fatos que afetam o Brasil contemporâneo. Aborda sem vacilo a desigualdade social e as disparidades decorrentes dela, a influência desmedida das mídias, o multiculturalismo e as chagas não cicatrizadas causadas por sucessivos desmandos governamentais. Tais situações de conflito são traduzidas no uso de técnicas adormecidas, de experimentos caseiros e de matérias-primas triviais.

SENHOR DO TEMPO

O estilista prioriza métodos de coser até hoje praticados por modistas de cidades do interior,[4] muitos deles desprezados pelo *prêt-à-porter*. Quando perguntado sobre sua profissão, diz logo que é costureiro. Ronaldo também é contador de histórias. Questiona e inverte o valor dos produtos de moda. Na coleção *Corpo cru,* inverno 2002 [pp. 40-3], uma de suas preferidas, as peças expõem a maneira como foram construídas. São pences, pespontos e dobraduras exibidos em blusas, saias e vestidos, além de peças bipartidas em que uma metade se mostra completa e a outra em construção, com alinhavos e cortes sem acabamento. Ao exibir a estrutura interna da roupa, o estilista traz à tona o feitio e as mãos anônimas presentes no forro de cada

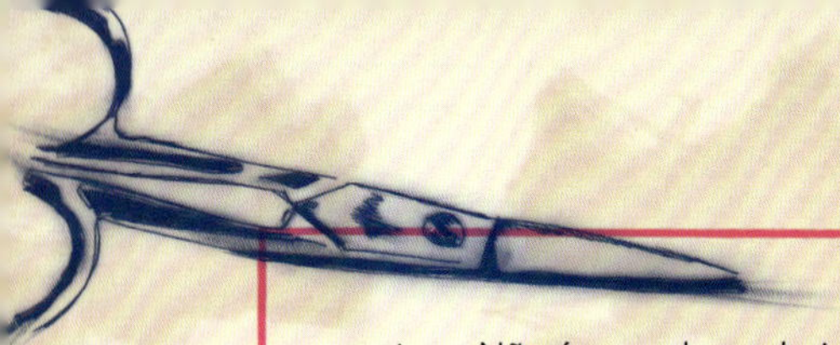

costura. Não é segredo a admiração do estilista pela sua costureira-mestra, dona Nilza, que ganhou uma coleção-homenagem [pp. 98-103] com direito a confecção ao vivo na passarela e soluços indiscretos das elegantes de plantão. Ronaldo emociona e talvez seja essa sua qualidade mais latente: para ele, moda é linguagem. Sem subterfúgios, ele conversa com o público dos desfiles, com os tipos geniais que o inspiram e com o próprio tempo.

Pudera. Morando em terra de inconfidentes, naturalmente Ronaldo não é de matutar sozinho. Nas Minas Gerais, onde nasceu, confabular é quase passatempo. Desde os tempos da galinha, dona Nilza é testemunha. Em qualquer dia é fácil encontrá-lo puxando prosa. Às vezes, com as estampas extravagantes das barracas anônimas dos camelôs. Noutras, com as miríades de bibelôs que se equilibram caoticamente nas inúmeras caixas, baús e estantes de seu ateliê. Todos esses elementos são englobados num modo de costurar aparentemente artesanal, lento e de escala diminuta (nas primeiras coleções, a venda de cinco peças já era um tremendo sucesso), que, reiterado com freqüência, torna-se uma característica muito particular. É das dobras sinuosas desses diálogos impertinentes que a todo minuto saem passamanarias, fitilhos, sedas e algodões prontos para misturar-se anonimamente. Seja com técnica de tingimento indígena, por meio da *moulage* européia ou mesmo resgatando o algodão outrora usado nas vestes de escravos, o país é recriado em mestiçagem infindável.

Configurando certa resistência às vogas efêmeras, o estilista tem como ideal tornar ímpar aquilo que é massificado pela mídia. Reencontra-se com as antigas tradições da costura e estende esse olhar para um horizonte além dos rolos de tecido. Compõe narrativas que traçam uma geopolítica capaz

de desmascarar a homogeneidade das tendências de corpos, roupas e programas de comportamento e vai enrodilhando essas memórias ladinas num mundo deliciosamente miscigenado. Nas dobraduras de seu discurso perfilam-se traços distintivos de uma estética viçosa, irrequieta e engenhosa.

CARTÓGRAFO DE AFETOS

Ronaldo insiste que o guarda-roupa se apresente como um sarau colorido. Batiza as cores com nomes: o verde desbotado é poeira, o rosa vibrante é sorvete em dia de domingo no parque, o roxo insolente é tempestade na certa. Isso acontece também nos *releases* que escreve pessoalmente, como se fossem cartas românticas, assim como nos momentos em que se concentra em torno da caixa de lápis de cor. Ora com perfumados matizes de sabonete, ora com apetitosos tons de frutas da feira, vai deixando a mão livre para rabiscar tanto croquis hilários quanto passarinhos singelos que viram bordados e aplicações em meigos vestidos. Com sua existência equilibrada no fio da navalha, eles enredam um mar de histórias e apontam necessidades subterrâneas. Tomam de assalto guarda-roupas de moças do sertão e da cidade grande, saindo para passear com suas sinhaninhas, seus galões e bordados, inconfundíveis, especialmente nos dias em que suas proprietárias estão em festa. Carregam consigo a força feminina que transforma a ingenuidade barroca em passarela de delicadezas. Vestem-se com as imagens de *misses*, de anjinhos de procissão, de balizas e de noivas para formar um grande álbum. Absolutamente encanta-

doras nesse recato desavisado, não hesitam em deixar as calças de lado porque Ronaldo gosta mesmo de vestidos e saias.

A impressão digital do criador está nesses adornos chamativos, que fazem da moda uma espécie de escrita, documentando tudo à sua volta. Questão de hábito. Quando pequeno, ele mesmo estampava as paredes de casa para disfarçar o desgaste imputado pelo tempo. Embalado pela voz da mãe, que protestava cantarolando, tomou gosto pela música. Apesar da timidez, já arriscou algumas notas desafinadas na passarela e não enrubesceu ao interpretar a si próprio na televisão e no cinema.[5] Bem de raiz ou mal de família, o fato é que dona Luzia gostava de novela e cantava os sucessos das paradas para amansar os filhos. Nas quermesses promovidas pela fábrica de tecidos onde dividia a jornada de trabalho com os palcos improvisados, ao lado de Clara Nunes, lá estava Ronaldo sobre seus joelhos. É dela que brota a suavidade poeirenta dos LPs que hoje ecoam na vitrola do casarão onde o estilista vive com sua mulher, Ivana, e os filhos, Ludovico e Graciliano, na parte antiga de Belo Horizonte. Ali mesmo, ao som de discos herdados, os poemas de Carlos Drummond de Andrade, que morava no bairro vizinho, foram desenhados pela primeira vez em livro.[6]

A vizinhança, nesse caso, vira parente. Drummond, que para Ronaldo "já nasceu velhinho", é uma pessoa da família, assim como outros personagens que formam preciosas referências para o estilista: Arthur Bispo do Rosário [p. 139], Zuzu Angel [pp. 32-9], Guimarães Rosa [pp. 104-13], Nara Leão [pp. 128-35], Lupicínio Rodrigues [pp. 58-63], Tom Zé [pp. 64-7]. Talvez porque seu pai, multimídia antes de o termo ser inventado, incentivava o gosto pela literatura e pelas artes. Descendente de escravos, goleiro profissional, escultor nas parcas horas vagas e dublê de ferroviário, seu José só pôde estudar graças à benevolência do patrão da fazenda onde foi criado, nas imediações de Tiradentes. Motivo de orgulho para a família Fraga, o diploma do patriarca divide com livros de histórias infantis, vários pares de óculos e convites de desfile a vista das jabuticabeiras do quintal da loja que o estilista mantém em São Paulo.

HERÓI DA RESISTÊNCIA

Ronaldo Fraga é de uma generosidade desconcertante. Busca os filhos na escola, programa serenatas para a mulher e adora namorar ao sol no jardim de casa. Não raro, ministra oficinas de criação a presidiários, menores em situação de risco, idosos e comunidades carentes em várias regiões da

América Latina, usando a moda e o lirismo como instrumentos de profilaxia contra o comodismo, a baixa auto-estima, a pobreza e o caos. Circulando pelo país como palestrante, professor e voluntário de manifestos sociais, virou ídolo de estudantes e artesãos no interior brasileiro.

Resistiu às metrópoles o quanto pôde. Para isso, inventou espaços de manobra: abriu uma loja em Belo Horizonte, depois um *showroom* paulistano, até achar uma casinha com ares de vilarejo. Fora do roteiro chique, mas com o jeito acolhedor de suas roupas, seu endereço em São Paulo vive lotado de gente, instigando-o a pensar em multiplicar sua presença em outras capitais. Alguns clientes vão à loja para vestir toda a família, outros são simplesmente transeuntes curiosos. Explica-se: nesse singular ponto-de-venda, o criador mistura os sentidos até confundi-los. Há fartura de alteridade contrapondo-se à mesmice repetitiva das vitrines de shopping centers. Bancos de praça com cisnes nas beiradas, poesias cobrindo as paredes e cortinas de veludo vermelho convidam para uma experimentação de narrativas em que o consumidor é protagonista e as roupas são suvenires colecionáveis com as quais os usuários mantêm notável intimidade.

Como se fossem clássicos, as criações de Ronaldo ganham vida própria e a torcida pede bis anos a fio. É assim com o vestido do sertão de Guimarães, a blusa de pássaros da Zuzu, o *tailleur* de árvores do Drummond.[7] Nenhum dos itens desse verdadeiro banquete iconofágico é considerado segundo a data de nascimento, mas sim conforme suas propriedades poéticas. As referências, alinhavadas em experiências comunitárias, dissolvem-se em cumplicidades capazes de deslocar as coleções para o terreno mítico, tornando-as imunes ao passar do tempo.

Como na antropofagia, prática dos índios tupis que devoravam guerreiros valentes de outras tribos, noções como conforto, luxo, elegância e tradição são repensadas à exaustão. Com a significação original destruída, fragmentos integram-se à identidade da marca, para construí-la. Quando certos pilares que estruturam a moda reconhecida são dilapidados para ressurgir com outro viço, convertem-se em estratégia de atração. Uma vez reprocessados, esses elementos promovem o refinamento de sentido. Eles rematerializam o que se degradou com o tempo e permitem ao usuário descobrir seus próprios conhecimentos e convicções para, finalmente, aderir ou não.

A idéia de luxo, historicamente associada ao alto grau de refinamento obtido por meio de insumos valiosos ou pela escassez do produto, adquire outro significado. Para o estilista, luxo implica a escolha dos elementos integrantes da composição de sentido, nem sempre caros ou suntuosos, mas associados a um modo de fazer caprichoso e reflexivo. Não há desprezo de elementos convencionalmente entendidos como luxuosos, e sim a elevação daquilo tido como simplório ao mesmo patamar. Em seus *looks*, o esquisito e o brega podem ser investidos de preciosidade tanto quanto o raro e o dispendioso, desde que amansados por doses de delicadeza, injetadas na criação por meio de procedimentos manuais. Tal visão insólita do que poderia constituir o luxuoso está mais ligada às idéias de graciosidade e de aparente simplicidade do que às noções de opulência. O luxo é concebido como aquilo que, a princípio, seria tomado como antiluxuoso por sua despretensão natural.

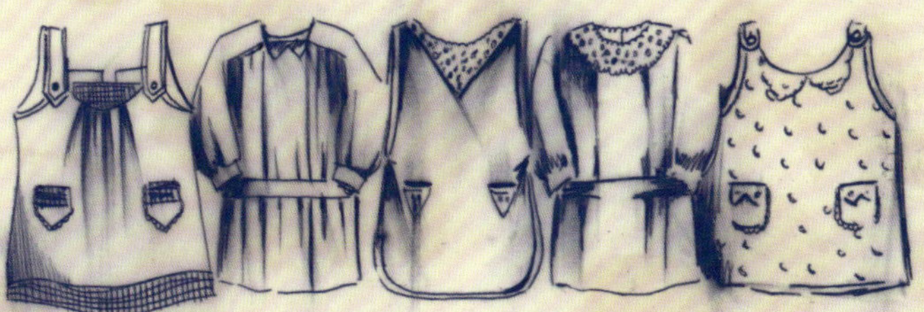

Quando o simples sofistica-se pela habilidade técnica, a noção oficial de grandiosidade é atualizada. Ronaldo evidencia que o luxo pode ser estruturado a partir da atenção aos detalhes. Subverte o conceito de que, necessariamente, a obtenção de tal grandeza implicaria polpudo investimento financeiro e proporciona um patamar de inclusão para usuários de menor poder aquisitivo. O criador não se acanha em abarcar ambigüidades presentes no alegórico e no cafona para compor seus *looks* mais preciosos: estejam elas no brilho do cetim ou na simplicidade da chita; no quase extinto tingimento natural ou nos apliques caseiros de pano de prato. Num universo sociocultural de tantas prescrições, o supremo luxo é construir, utilizar e defender a liberdade de criação.

PLAYGROUND DE MEMÓRIAS

Brotando de uma sofisticação caipira e do lugar-comum, o luxo de Ronaldo inadvertidamente expõe o lado B das grifes mais comerciais. Na coleção *O império do falso na bacia das almas*, verão 1997/98, por exemplo, há uma bolsa retangular de náilon, com o formato daquela usada como uniforme por aeromoças da extinta companhia aérea Pan Am. Naquela temporada, a bolsa havia sido resgatada por mulheres da alta sociedade e disseminada como tendência pelo *streetwear*. Nesse modelo comum ele aplica uma estampa frontal com a palavra "Fraga", evidenciando o trocadilho com certa grife italiana de respeito. Marcas como Prada estão carregadas de valores como exclusividade, refinamento, personalização — síntese da idéia dominante de luxo. Quando seus produtos, ou apenas sua logomarca, são apropriados e reproduzidos, tais valores desgastam-se e automaticamente entram em escala reducionista para os consumidores da grife, que migram para outra linha capaz de controlar a oferta do produto no mercado, de modo a manter sua raridade. Ao parodiar a réplica e a devoração das idéias alheias pelo mercado informal, o estilista desprestigia o conceito de luxo assumido pelas grifes preponderantes, visto que o alto preço e a escassez podem ser facilmente derrubados pela proliferação das cópias. Ao mesmo tempo, ao fazer pensar, indica que a uniformização não prioriza uma ou outra classe social, já que uma celebridade com a bolsa do momento pode estar tão uniformizada quanto um *office boy* com sua sacola de correspondências.

Nesses procedimentos bem-humorados predomina sempre o conforto. Ora ancorado na pilhéria, defendendo a idéia de que rir é o melhor remédio, ora subsidiado por formas que dispensam a esqualidez angulosa do biotipo ariano, com suas modelagens, Ronaldo parece parafrasear Drummond quando diz que: "[...] a questão é mais de corpos que de vestidos, e onde se viu desclassificar esteticamente um corpo, só porque ele tem dez ou quinze centímetros a mais ou dez ou quinze centímetros a menos do que o outro?".[8]

Longas, arredondadas, soltas, cônicas, enviesadas e assimétricas, suas formas abraçam cada corpo por inteiro, nas mais variadas configurações. Panos flácidos esticam-se, lisos têm seus veios saltados, transparentes cintilam com movimentos sob a luz — cada forma, cadenciada por uma silhueta diferente, renova-se pela gestualidade. Erguem-se assim varais de promessas, desejos e esperanças de corpos que se assumem como são.

Para Ronaldo, o corpo não é sufocado ou escondido em nome de esculturas têxteis ou de modelagens constritoras, alheias à estrutura óssea e muscular. Em vez de se pendurar nos ombros ou de espremer a cintura, como é de praxe no mercado de moda, busca soluções

harmônicas em pontos de equilíbrio pouco usuais: pescoço/colo, virilha/quadril e pés. Inverte-se, pois, o paradigma: o corpo impõe-se para moldar a moda. Corpo e roupa, em diálogos francos e impertinentes, propõem um exercício de democracia que propicia a conjunção com valores hedonistas, os quais favorecem o bem-estar físico e emocional. Assim o criador defende a resistência ao padrão vigente, celebrando as curvas e as saliências de uma sofisticada mestiçagem.

O luxo e o conforto de Ronaldo não destacam a superioridade estética ou financeira, mas a intelectual, associada à própria capacidade do usuário de reconhecer certos valores, sendo capaz de subvertê-los pelo prazer da diferença inerente a uma estetização particularizada.

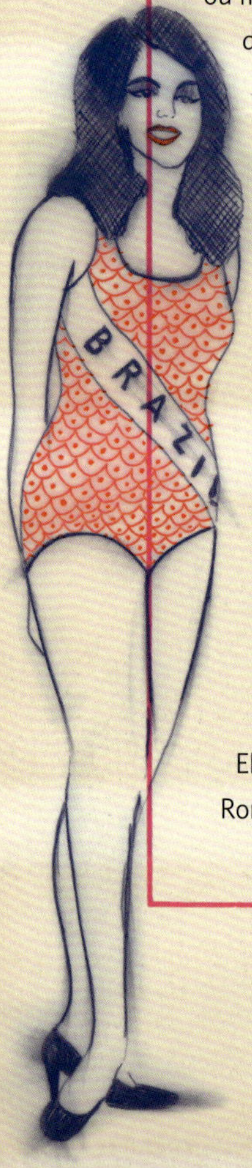

LUGARES DE PASSAGEM

Divertidas, enigmáticas e enternecedoras, as coleções de Ronaldo Fraga vão embaralhando de vez a tediosa mesmice. A insubmissão ao sistema de moda confere-lhes capacidade de auto-reforço expansível. Assim, o conceito de desfile, ópera barroca usualmente cheia de convenções cristalizadas pelo tempo e pelas heranças européias, tem seus fundamentos colocados em xeque. Atuando como uma expansão cognitiva da obra pelo espaço em volta dela, as performances ontológicas de Ronaldo fortalecem a consistência nos modos de visibilidade dos *looks*, porque fazem sentir. Foi assim quando colocou na passarela de *Corpo cru*, inverno 2002 [pp. 40-3], um grande carrossel para substituir os modelos, que desenxabido, quebrou bem no meio de um tango. Ele não desistiu. As camareiras e assistentes levaram a roupa nas mãos. Ronaldo, ladrão de corações, arrebata quem estiver por perto. Capturou vários quando plantou o imenso jardim de flores de cerâmica com a coleção *Costela de Adão*, verão 2003/04 [pp. 50-7], outros tantos quando recriou o interior de uma fábrica chinesa no intervalo de almoço em *A China*, inverno 2007 [pp. 114-27], e mesmo os corações mais ariscos foram conquistados ao cobrir os holofotes com três mil barquinhos de papel em *Nara Leão ilustrada por Ronaldo Fraga*, verão 2007/08 [pp. 128-35].

Os arabescos são complexos e, talvez por isso, Ronaldo Fraga não tenha um *stylist*, mas sim uma rede de colaboradores que vão costurando suas fábulas em várias linguagens a partir da paisagem conceitual que oferta: designers gráficos, músicos, arquitetos. É ele próprio, contudo, quem coordena cada passo: rabisca os cenários, sugere a trilha sonora e propõe as performances para desfiles emocionantes e espetaculares. Faz dois shows por ano, aguardados ansiosamente por uma platéia fiel. Neles calibra linha e agulha para compor um enorme bordado de *co-brands* que trazem para o universo *fashion* personagens bem reais: de indústrias têxteis a instituições financeiras.

Ronaldo Fraga foi patrocinado por um banco em duas coleções,[9] após quase perder o direito ao próprio nome em disputas jurídicas com antigos parceiros de negócios. Embora a presença de investidores no mercado internacional da moda seja comum, ela ainda engatinha no Brasil. Para ter direito ao uso de seu nome na internet, por exemplo, Ronaldo teve de enfrentar uma disputa judicial que durou quatro anos e engolir faixas oferecendo jeans a R$ 9,99 que jamais foram desenhados por ele, mas que ostentavam sua assinatura.

Ronaldo revende suas coleções para adultos exclusivamente em lojas próprias. A linha infantil, carinhosamente chamada de Ronaldo Fraga para Filhotes,[10] replica para os pequenos as estampas em confortáveis macacões e vestidos de princesa. Busca interlocuções desafiantes, reinventa constantemente o modo de olhar para o passado. Enquanto a coerência garante credibilidade e a emoção solidifica vínculos comunicacionais, é a continuidade de tais maneiras de costurar que legitimiza Ronaldo. Não é preciso procurar muito para achar sentido em seu trabalho. Sem data de validade, seus *looks* sabotam o setor de moda, pois violam o automatismo de imperiosas mudanças que caracteriza o triunfo de vogas temporárias. Com a manutenção dos modos de costurar, o criador constrói o simulacro da durabilidade, conferindo aos *looks* a ficção de não-perecimento. A legitimidade conquistada facilita a introdução das criações de Ronaldo em outros segmentos do mercado, como a linha de papelaria e a incursão pela literatura, permitindo um planejamento de expansão das coleções como marca de um modo de vida diferente.

ADORÁVEL DISSIDENTE

Ronaldo dispensa tudo que rejeita a função primordial da roupa, que é servir ao corpo. O estilista privilegia o conforto, a praticidade e a qualidade daquilo que oferta como produto de moda. Mais até: expõe seu modo de costurar vivamente, para que o próprio consumidor desenvolva competência para decidir o que lhe cai bem. Inaugura, assim, a possibilidade de uma moda brasileira autêntica, mas também elegante, ainda que à sua maneira. Então, o que é ser dissidente em moda? É construir roupas que respeitam a anatomia e que equilibram contrastes, por isso mesmo resistindo ao tempo. É triunfar sobre o preconceito de não corresponder à idéia de adequação vigente. É liquidificar fórmulas consagradas sob as bênçãos da imperfeição.

A proposta de Ronaldo é de uma atitude permeável e contaminadora que, porosa à troca com outros criadores e gente anônima, é menos polê-

mica e mais emocionante. Por isso mesmo, nenhum outro estilista estimulou tanto a reflexão acadêmica no país. A obra de Ronaldo, que circula com desenvoltura pelas universidades brasileiras, já foi tema de simpósios e dissertações de mestrado em áreas do saber distintas como literatura, comunicação, semiótica, psicologia clínica, ciência da informação e moda. Ronaldo Fraga faz pensar. Fundamentado em tramas de vibração contagiante, lança-se em busca de surpresas impermanentes e, por isso mesmo, enternecedoras, emocionantes, preciosas.

Como a carga afetiva potencializa vínculos, cabe aqui ressaltar que os desvios de imperfeição capazes de emocionar consumidores de todas as estirpes estão em âmbito quase sempre doméstico e invariavelmente escapam às fronteiras artísticas. Remetendo aos anos da infância e ao ambiente caseiro, Ronaldo faz surgir da própria reiteração o efeito de não-repetição com seu modo arrebatador de fazer sentir. Ao mesclar o erudito e o popular, ele vira o estético e o ético do avesso, como uma fratura exposta de questões efervescentes no Brasil, sem jamais resvalar nas caricaturas de trajes típicos e de outras heranças folclóricas.

O estilista desmancha a ordem estabelecida, deixando apenas vestígios de sua existência como ingredientes de outras formulações significantes. Nesse peculiar *modus operandi*, a credibilidade finca-se no dilacerar dos modismos. Entranha-se no abandono das convenções ritualizadas que cadenciam o vestir como modo de estar no mundo, desenquadrando-o das variações rítmicas. As camadas culturais sobrepõem-se e é impraticável pensar em cercas restritivas. Suas criações, estruturas em movimento que resultam num tecido complexo e descentralizado, reformulam-se continuamente.

Quando vemos Ronaldo delineando os seios das musas de Lupicínio Rodrigues ou desnudando os joelhos a exemplo de Nara Leão, melhor mesmo é entendê-lo como tradutor e aglutinador de variados percursos. E assim ele vai tramando um mosaico mestiço. Estampa os desejos de liberdade de presidiários anônimos e as canções de Tom Zé. Envolve os passos de balé do Grupo Corpo e os rodopios suaves da banda Pato Fu. Cria figurinos inteiros para bebês rechonchudos e roupas para emoldurar sentimentos ao longo da vida. Injeta alegria na linguagem publicitária de carros e em latas para guardar rolos de papel higiênico. Adiciona solidez à imagem da marca de instituições financeiras e companhias siderúrgicas. Sem cerimônia, penetra nos altares da cultura enquanto adoça celebrações caseiras porque, para ele, a vida é a maior de todas as artes.

Como diria Proust, uma verdadeira viagem de descobrimento pressupõe o encontro com um novo olhar. Nisso, Ronaldo Fraga é *expert*. Liquida estereótipos e traduz as situações de maneira que passem a nos pertencer. Aponta uma infinidade de conexões, jogando os padrões às favas e regendo-nos por critérios que nos forçam a avançar. Estimula miscigenações, fazendo brotar um modo de costurar experimentalista, jamais comandado pelo medo de se perder de si, mas aberto ao outro. Com ele, exploramos brechas, abrimos a caixa de Pandora e espalhamos, pela moda brasileira e mundo afora, a contagiante peste da auto-estima.

NOTAS

1 A consultora Ieda Amaral, especializada no segmento de *jeanswear*, é figura lendária na moda brasileira e na carreira de Ronaldo Fraga. Graças ao incentivo dela, o estilista participou de um concurso promovido pela Santista Têxtil, que lhe valeu como prêmio uma viagem a Nova York, onde cursou pós-graduação na Parsons School. Lá ficou conhecido por desobedecer à professora de desenho cada vez que ela o mandava copiar os clássicos.

2 Essa tendência, capitaneada por grifes como Prada, Helmut Lang, Jil Sander, Donna Karan e Calvin Klein, é marcada pela harmonia e pela neutralidade de linhas e cores, e por uma quase ausência de detalhes, configurando uma silhueta fechada, ou pronta, que não prevê intervenções do usuário. Já na proposta de Ronaldo Fraga há uma recorrência da desproporção, da mistura e do exagero. Sob esse aspecto, é possível observar uma rejeição aos procedimentos industrializados em prol de métodos considerados antiquados diante da tecnologia disponível no mercado de moda.

3 Nos intervalos entre os eventos, também assumiu a criação de coleções para marcas *prêt-à-porter*, como a capixaba Lei Básica, além do comando de oficinas criativas de confecção em cidades do interior mineiro, como São João Nepomuceno, Salinas, Divinópolis e Nova Serrana, cujo resultado foi apresentado no Fashion Rio.

4 A confecção com base nesse método, realizada em pequenos ateliês, prevê que o consumidor participe ativamente do feitio da roupa, apontando defeitos, palpitando sobre acabamentos e, sobretudo, experimentando várias vezes a peça, que é moldada no próprio corpo.

5 Chamado à passarela por Fernanda Takai, vocalista da banda mineira Pato Fu, para receber os aplausos pela coleção *Nara Leão ilustrada por Ronaldo Fraga*, verão

2007/08 [pp. 128-35], o estilista não teve como escapar e fez dueto com ela ao vivo diante de 2 mil convidados. Antes disso, participou da refilmagem da novela *Anjo mau* (1997), exibida pela Rede Globo, e do filme *Xuxa popstar* (2000).

6 Depois de assinar a coleção *Todo mundo e ninguém*, inverno 2005 [pp. 88-97], inspirada em Carlos Drummond de Andrade (1902-1987), Ronaldo Fraga lançou um livro com 21 poesias do poeta mineiro que têm como tema a moda (*Moda, roupa e tempo: Drummond selecionado e ilustrado por Ronaldo Fraga*. Belo Horizonte: Usiminas/Governo de Minas Gerais, 2004). A obra, cuja primeira edição contou com 3 mil exemplares, traz ilustrações do estilista e apresenta 21 poemas transcritos à mão por pessoas idosas, todas com mais de 70 anos.

7 Respectivamente, vestido em tule rebordado da coleção *A cobra: ri*, verão 2006/07 [pp. 104-13], blusa em musselina com apliques da coleção *Quem matou Zuzu Angel?*, verão 2001/02 [pp. 32-9] e *tailleur* em veludo bordado da coleção *Todo mundo e ninguém*, inverno 2005 [pp. 88-97].

8 Carlos Drummond de Andrade, "Capítulos dos vestidos", in Ronaldo Fraga, *Moda, roupa e tempo: Drummond selecionado e ilustrado por Ronaldo Fraga*. Op. cit., pp. 67-8.

9 As coleções *Todo mundo e ninguém*, inverno 2005 [pp. 88-97] e *Descosturando Nilza*, verão 2005/06 [pp. 98-103] foram patrocinadas pelo Banco do Brasil.

10 Nascida com o filho primogênito, Ludovico, a marca Ronaldo Fraga para Filhotes é responsável por manter a esposa Ivana, musa sertaneja a quem o estilista dedica seus melhores vestidos, à frente da confecção estabelecida em Belo Horizonte. Até 2007, Ronaldo Fraga produzia cerca de 25 mil peças por estação, sendo a linha infantil responsável pela comercialização de cerca de 15 mil itens nesse mesmo período.

TODO MUNDO E NINGUÉM

O tempo retratado nas poesias de Carlos Drummond de Andrade foi o tema da coleção INVERNO 2005. A roupa como registro do tempo. Pequenas delicadezas bordadas em *laises*, *tweeds*, sedas e tules. Formas que transitam por todas as décadas do século XX. Estampas de manuscritos, bilhetes do poeta, relógios de pulso, labirintos e galhos de uma jabuticabeira, tecido cortado a *laser* simulando uma página pautada arrancada de um caderno de anotações.

ANDRADE
E QUALQUER
E' FAVOR
(DONA DOLORES
(DONA MARIA
Já não
Quero
nem se
Mais
dentro
todo

e de
natural de
em
com

Já não
com a
Consulta
Quero
MOND
AND
FAVOR
DONA

BRASIL

O PORTADOR E'
CARLOS DRUMMOND ANDRADE
NO CASO DE QUALQUER ANOR-
MALIDADE, E' FAVOR TELEFONAR
PARA
227-569 (DONA DOLORES)
OU
287-5696 (DONA MARIA JULIETA)

DESCOSTURANDO NILZA

A coleção VERÃO 2005/06 é uma homenagem à costureira mais antiga do estilista, dona Nilza, uma profissional em extinção, que aprendeu seu ofício como costureira de família nos lares mineiros. Fazia num mesmo dia roupas de batismo, para o *footing* de domingo à tarde, para baile de formatura, vestido de noiva e roupas de luto. A cenografia simulava um salão de costura, com as quarenta costureiras da equipe de Ronaldo trabalhando durante o desfile. Nas roupas, corações rendados cortados a *laser*, decalques de flores e passarinhos e sobreposições que simulavam uma prova de roupa. A simplicidade do trabalho manual e a sofisticação das famílias tradicionais. Na cartela, cores de sabonete.

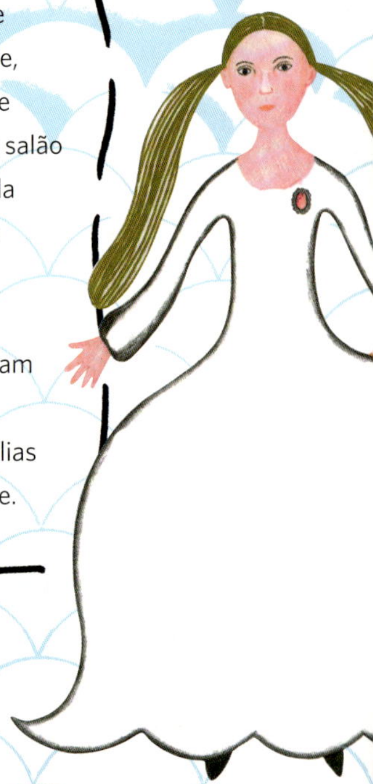

A COBRA: RI

Mais uma vez, a roupa criada com base na literatura brasileira. A coleção VERÃO 2006/07 é sobre a história de amor entre Riobaldo e Diadorim, de *Grande sertão: veredas*, do escritor Guimarães Rosa. Tecidos leves e pesados, musselinas, malhas de algodão, crepes e sarjas, sobretintos simulando o *dégradé* do amanhecer e do anoitecer do sertão, aplicações de cobras, pássaros, buritis e estrelas.

Tudo aqui é perdido
tudo aqui é achado.
casca e vel
veredas
SER : TÃO

No.

Nº 2

Nº 2.

Nº 1.

A coleção INVERNO 2007 reflete as contradições da China no mundo atual, um país que, antes muito distante, está hoje nas cozinhas, nos brinquedos e nos vestidos de "seda" das nossas tias. De um lado, a coleção fala do trabalho escravo, dos maus-tratos aos animais, da poluição e da produção em série. De outro, mostra a rica tradição chinesa que influenciou costumes no mundo todo. Um trabalho rico em estamparia, sobretingimentos, modelagens e volumes, inspirados nos trajes da China imperial e nos uniformes comunistas.

A CHINA

福

清凉油
上海中华制药厂

珍珠粉
珍珠粉
珍珠粉
珍珠粉
合欢牌
合欢牌
合欢牌
合欢牌
珍珠粉
珍珠粉
珍珠粉
珍珠粉
合欢牌
合欢牌
合欢牌
合欢牌

As várias fases da carreira da cantora Nara Leão retratadas em estampas, tecidos e formas na coleção VERÃO 2007/08. A fase bossa-novista com os bordados de barquinho de papel, ondas e o calçadão de mosaico português. A fase da música dos morros cariocas em estampa de favela, palitos de fósforo e anúncios populares. A fase de protesto político dos barquinhos negros. A fase tropicalista no *patchwork* de sacolas de feira. A fase infantil nas espirais do caderno de anotações e nas imagens de circo. Nara foi uma precursora não só na música, mas também no seu estilo pessoal. O corte de cabelo, a sensualidade velada, a personalidade forte. Nos pés, o fusca conversível da cantora nos anos 1960.

NARA LEÃO

A
B

ROLIÇO
MADEIRA
ARA

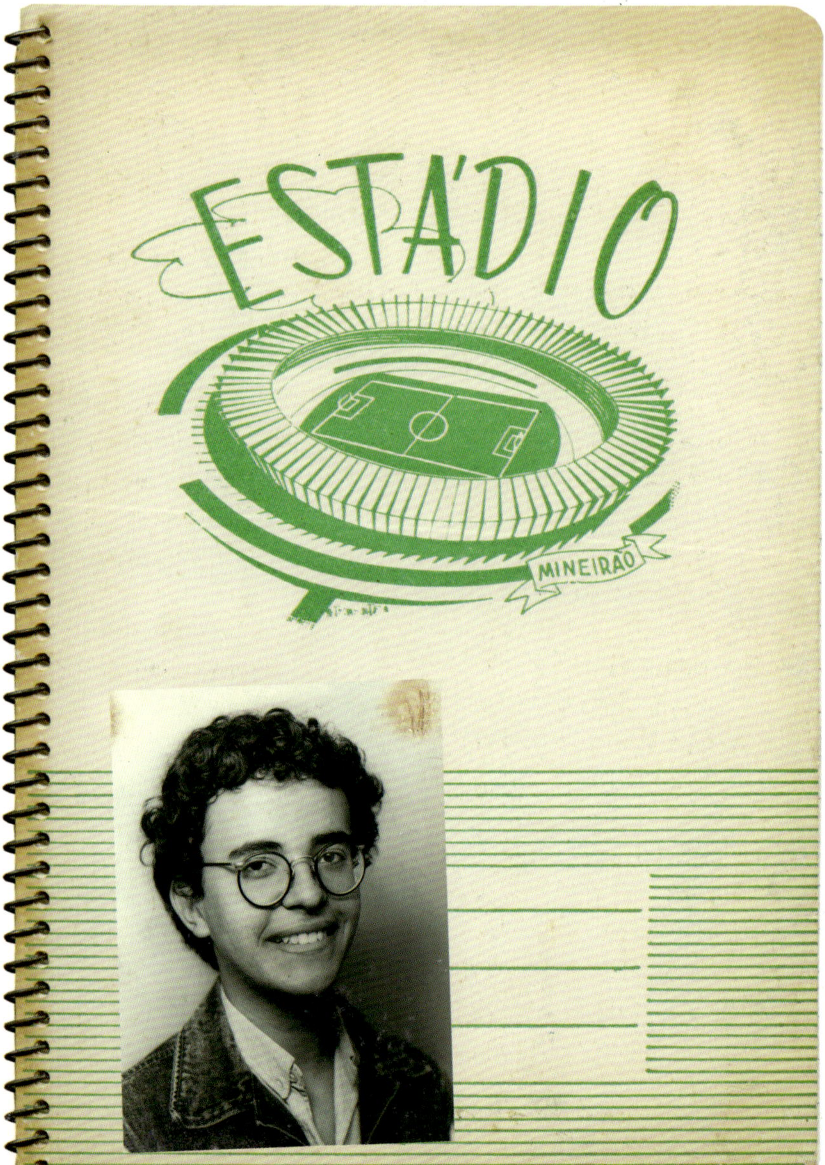

ESTÁDIO
MINEIRÃO

1966 Ronaldo Fraga nasce em Belo Horizonte (MG), no dia 27 de outubro. É o quarto filho de dona Luzia e seu José Rodrigues Fraga. Irmão de Roney, Robson, Rosilene e Rodrigo, um ano mais novo. Seu pai nasceu na região de Tiradentes, em Barroso. Descendente de escravos, era ferroviário e jogador de futebol profissional do time 7 de Setembro, o famoso goleiro Fraga. O time profissional não pagava um grande salário, mas lhe deu toda a mobília da casa após o casamento. Fazia cinzeiros e outros objetos de ferro em formato de flores para completar a renda. A mãe é de família mineira antiga, filha da primeira geração que nasceu na capital. Quando solteira, trabalhava na Tecelagem Renascença e dividia os teares com Clara Nunes. Ronaldo e sua família vivem no bairro da Sagrada Família, em Belo Horizonte.

1969 **A Rhodia comemora 50 anos no Brasil.**

1973 Morre a mãe do estilista. Estuda na escola estadual Helena Pena. Nessa época, ele e os irmãos herdam roupas dos vizinhos e dos primos e revezam uma única calça refazendo a barra quase diariamente.

1977 O pai morre no mesmo dia da morte da mãe, após quatro anos de melancolia. Deixa para os filhos uma história de amor, sempre presente nas criações do estilista.

1980 **A Rhodia e a Coordenação Industrial Têxtil (CIT) passam a oferecer, anualmente, em São Paulo, cursos de criação de moda e estilismo, ministrados pela professora Marie Rucki, do Studio Berçot de Paris.**

1982 **Fundação da Associação Brasileira do Vestuário (ABRAVEST). Lançamento da revista *Claudia Moda*.**

1983 Inscreve-se no curso gratuito de figurinista do Senac, que ensinava desenho de moda para profissionais de lojas de tecido. Em seguida, cobre férias em uma loja de tecidos no centro da cidade. No trabalho, uma fila permanente renovava-se do inicío ao fim do dia, mulheres com tecido em baixo do braço esperavam para ter o desenho de uma roupa. Na hora do almoço, Ronaldo observava nas vitrines as golas, o rodado das saias, os tipos de vestido — começa a formar um repertório.

1984 No final do ano vai trabalhar numa loja de tecidos no Espírito Santo.

1985 Muda-se para Vitória e monta um escritório para prestar serviços para confecções. Começa a dar aula de desenho de moda.

1986 **É implantado o curso de Estilismo e Modelagem do Vestuário na UFMG. É um dos primeiros cursos de moda do país; estudantes do Brasil inteiro vão estudar em Minas Gerais.**

1987 **Criação do primeiro curso de graduação de moda na Faculdade Santa Marcelina, em São Paulo.**

Volta para Belo Horizonte. A cidade vive um momento de efervescência, há um aumento no número de confecções e lojas. Trabalha para uma série de marcas, desenhando desde roupas infantis a vestidos de noiva, e as próprias roupas.

1989 Começa a faculdade de belas-artes na escola Guignard. No mesmo ano, presta vestibular para estilismo, no curso de extensão da UFMG. Até então, não enxergava a moda como profissão. Pensava em se formar em arquitetura ou veterinária, mas larga a faculdade de belas-artes e faz o curso na UFMG. Cria a marca Cenário que produz roupas exclusivas, estampadas, modeladas e costuradas artesanalmente por ele próprio. Faz desfiles nos DCEs da universidade.

1992 Fecha a Cenário. Inscreve-se na primeira edição do concurso de estilismo promovido pela Smirnoff, um concurso nacional com quinze finalistas entre oitocentos participantes. O prêmio é apresentado pela jornalista Cris-

Em nome do Bispo

O império do falso na bacia das almas

tina Franco, no Museu Brasileiro da Escultura (MUBE), em São Paulo. Regina Guerreiro, Clô Orozco e Tufi Duek fazem parte do júri. Ronaldo fica entre os finalistas. Quase ao mesmo tempo, é lançado o concurso de estilismo da Santista Têxtil. O anúncio aparece nas principais revistas e diz: "procuram-se Gaultiers, Kenzos e Lacroixs". A empresa recebe 2 mil projetos. Entre os cinco finalistas, Ronaldo vence o concurso com uma coleção apresentada no *stand* da Santista na FENATEC, em junho. O prêmio é um curso de pós-graduação na Parsons School, de Nova York, e um mês de viagem pelo circuito da moda entre Paris, Londres e Milão.

1993 Vai para Nova York. Deixa a barbicha crescer, põe uma corrente ligando o nariz à orelha. Coloca um prato na cabeça, raspa o cabelo. Hospeda-se num apartamento da escola na Union Square. Passa o tempo livre na biblioteca, rapidamente aprende inglês. Em Nova York, apaixona-se pela loja de Rei Kawakubo e pelo conceito da marca.

1994 **Primeiro Phytoervas Fashion em São Paulo, evento criado por Paulo Borges e Cristiana Arcangeli, com duas edições anuais até 1998, quando a marca foi vendida para um laboratório americano.**

Após concluir o curso, vai para Londres passar a Páscoa com seu irmão Rodrigo e não volta para Nova York. Em Londres, complementa sua formação com cursos na Central Saint Martins College of Art and Design. Faz um curso de chapelaria. Abre uma banca de rua com o irmão, em Portobello. Um compra o material, outro pilota a máquina de costura. O acabamento dos chapéus é determinante para o estilo de suas roupas no futuro. Em seguida, mudam-se para a feira de Candem Town. A marca chama-se The Magic Toy Shop of the Mind e produz roupas e acessórios. Vende um chapéu para Jean Paul Gaultier. Conhece o trabalho de Paul Smith. As roupas precisam de sabor. Viaja pela Europa e parte da Ásia.

1996 **Primeira edição do evento Morumbi Fashion, capitaneado por Paulo Borges e promovido pelo Morumbi Shopping, em São Paulo.**

Volta de Londres e passa a dividir uma casa com outros artistas em Belo Horizonte. Envia um projeto da sua coleção feita em Londres para o Phytoervas Fashion. Era a primeira edição do desfile no prédio da Bienal. Apresenta modelos com perucas coloridas de Bombril. No dia seguinte, Erika Palomino descreve o desfile como a zebra da noite. Ronaldo é convidado para a próxima edição. Volta definitivamente para o Brasil. Por muitos anos a crítica de moda o chama de "o mineiro radicado em Londres". Como se Londres pudesse salvar o fato de ser mineiro. Em junho, desfila a coleção *Álbum de família*, ao lado de Jum Nakao e Marcelo Sommer. A coleção tem um forte caráter autobiográfico. As modelos envelheciam na passarela. Era uma saga da vida de duas meninas até a morte.

1997 **Primeira Semana da Moda — Casa de Criadores, evento de moda e cultura jovem, criado por André Hidalgo em São Paulo. É criada a Agência de Promoção de Exportação e Investimentos, a APEX-Brasil, voltada à exportação.**

O Phytoervas Fashion acontece no ginásio do Ibirapuera, e os desfiles são vistos por 5 mil pessoas, com transmissão ao vivo pela MTV para todo o país. Ronaldo apresenta a coleção *Em nome do Bispo*, inspirada na obra de Bispo do Rosário. As modelos desfilam com máscaras enormes com o rosto do estilista. Ganha o prêmio estilista-revelação pelas duas coleções anteriores. Ronaldo não aceita participar da próxima edição do evento, que não tinha suporte de mercado. Começa a Casa de Criadores, uma semana de moda alternativa ao Phytoervas. Ronaldo apresenta a coleção *O império do falso na bacia das almas*, sobre a cópia, o falso e o verdadeiro no mundo globalizado. Até então investia nos desfiles e vendia peças únicas para amigos. Associa-se

As viagens de Gulliver

Santagustin — Grupo Corpo

a uma marca em Belo Horizonte, que passa a produzir e comercializar suas coleções. A fábrica ficava no centro de Belo Horizonte. O estilista apresenta a mesma coleção na BH Fashion Week, uma tentativa de criar uma semana mineira de moda. Participa da novela *Anjo mau*, da Rede Globo. Ministra aulas de processo criativo e construção de identidade nas principais universidades de moda do país. Desenvolve produtos para a marca mineira Olium.

1998 Apresenta as coleções *O jantar* e *O vendedor de milagres* na Casa de Criadores.

1999 Sofre um golpe do sócio e perde o direito sobre sua marca. Perde também a confecção e a loja. Briga na justiça durante quatro anos pelo direito de usar o seu nome.

2000 Abre loja em Belo Horizonte em outubro. Apresenta, na Casa de Criadores, a coleção *A carta*, uma homenagem ao amigo Jum Nakao. Por orientação de seu advogado, participa do filme *Xuxa popstar*, ao lado de Lino Villaventura. Foi uma maneira de popularizar sua marca e sua imagem no momento da disputa jurídica.

2001 **Décima edição do Morumbi Fashion Brasil; o evento passa a se chamar São Paulo Fashion Week (SPFW). Primeiro Amni Hot Spot na Casa Rhodia, em São Paulo, um *showroom* conceitual organizado por Paulo Borges, Beto Lago e Alexandre Herchcovitch, dedicado aos novos talentos.**
Estréia no São Paulo Fashion Week, com *Rute-Salomão*. A manchete no dia seguinte diz: "Ronaldo vira *cult* com *folk* judaico". O ex-sócio cria um site e contrata um estilista para fazer roupas, sem nenhuma identidade com Ronaldo, e assim vendê-las com a etiqueta Ronaldo Fraga. Em maio, casa-se com Ivana. Em junho, apresenta a coleção *Quem matou Zuzu Angel?*, no SPFW. No dia 28 de outubro, nasce Ludovico, primeiro filho do estilista. Realiza a exposição *Com que corpo eu vou*, com curadoria de Elizabeth Leone, na Universidade

Cidade de São Paulo (UNICID). A exposição é criada a partir da coleção *Corpo cru* e do trabalho desenvolvido com as crianças da FEBEM de Belo Horizonte. Participam dessa mostra Felix Bressan, Lia Chaia, Nazareth Pacheco e Pazé.

2002 Apresenta a coleção *Corpo cru*, no SPFW, num desfile sem modelos. As camareiras entram na passarela carregando bonecos com as peças. Abre um *showroom* na rua Augusta, em São Paulo. Em junho apresenta *Cordeiro de Deus*, no SPFW, a coleção bordada por detentos da penitenciária José Maria Alckmim, na grande Belo Horizonte. Cria o figurino para o espetáculo *Santagustin*, do Grupo Corpo. Assume a direção criativa da marca capixaba Lei Básica e passa a ter contato com um processo de produção industrial em grande escala.

2003 **Primeira edição do Fashion Rio. Os estilistas Alexandre Herchcovitch, Amir Slama, Lino Villaventura, Serpui Marie e Walter Rodrigues fundam a Associação Brasileira de Estilistas (ABEST).**

Em janeiro, apresenta a coleção *As viagens de Gulliver*, no SPFW, inspirada no clássico infanto-juvenil de Jonathan Swift, um olhar irônico sobre a sociedade. As modelos, que começam o desfile deitadas em colchões na passarela, são chamadas uma a uma por nomes tipicamente brasileiros. Passa um mês pesquisando referências no vale do Jequitinhonha. Em junho, apresenta, no SPFW, a coleção *Costela de Adão*, inspirada nas bonecas de barro e na cerâmica daquela região. Em 16 de agosto nasce Graciliano, segundo filho de Ronaldo e Ivana.

2004 Apresenta, no SPFW, a coleção de inverno *Quantas noites não durmo*, roupas de festa com cara de dia seguinte. As modelos desfilam com o cabelo desmanchado e a maquiagem borrada, ao som de Lupicínio Rodrigues. Em junho apresenta, no SPFW, *São Zé*, uma coleção tropicalista. A modelo Luiza Mendonça abre o desfile pulando entre os cubos de um grande caça-pala-

Festa no céu

Descosturando Nilza

vras. Viaja para a Ásia a trabalho, pela marca Lei Básica. Recebe patrocínio do Banco do Brasil para criar as coleções *Todo mundo e ninguém* e *Descosturando Nilza*. Recebe incentivo por seu trabalho em torno de questões brasileiras e pelo desenvolvimento de produtos para o banco, como linhas de crédito para costureiras. Desenha a roupa dos atletas patrocinados pelo Banco do Brasil.

2005 Apresenta, no SPFW, a coleção de inverno *Todo mundo e ninguém*, uma homenagem ao poeta Carlos Drummond de Andrade. Em junho, morre o irmão Roney. Passa 45 dias viajando pela China. No meio do ano, lança o livro *Moda, roupa e tempo: Drummond selecionado e ilustrado por Ronaldo Fraga*. Em junho, desfila no SPFW a coleção *Descosturando Nilza*, uma homenagem a sua amiga e costureira desde o início da carreira.

2006 Apresenta, no SPFW, a coleção de inverno *Festa no céu*, com uma piscina de bolinhas no cenário. Lança a trilha do desfile em CD. Elke Maravilha e Fernanda Takai, da banda Pato Fu, interpretam músicas internacionais. Apesar da festa, a coleção é pesada. A coleção de verão, *A cobra: ri*, uma homenagem ao universo de Guimarães Rosa, é o oposto da anterior. Uma coleção iluminada, sobre homens, bichos e a natureza humana.

2007 Em janeiro apresenta, no SPFW, a coleção de inverno *A China*. Em março abre uma loja na Vila Madalena, em São Paulo. Em junho, a coleção verão homenageia Nara Leão. O desfile tem trilha sonora com músicas da cantora interpretadas ao vivo por Fernanda Takai. A coleção é apresentada no Japão, em agosto. Participa de um simpósio no Centro Integrado de Moda, em Belo Horizonte, com nove pesquisadoras que se dedicam a estudar seu trabalho e a participação de cerca de 250 pessoas.

CRÉDITOS DAS IMAGENS

Fotógrafos

Nino Andrés **pp. 11-3, 17-9, 27-33, 42-9, 51-7, 59-63, 118-27, 130-1, 140**; Jaques Faing **pp. 14-7**; Pisco Del Gaiso/Agência Fotosite **pp. 23, 43**; Claudia Guimarães **pp. 24-9, 139**; Rogério Cavalcanti **pp. 34-5**; Marcelo Soubhia/Agência Fotosite **p. 41**; Marcia Fasoli **pp. 59-62, 66-7, 90-7**; Renato de Cara **p. 65**; Fernanda Calfat **pp. 105-13, 129-35, 147**.

Modelos

Daniel Veiga **p. 11**; Alessandra Mattana **p. 12**; Bya Belumat **p. 13**; Waldelice Branca **p. 16**; Douglas Rasmussen **p. 17**; Luis Gomide **p. 17**; Lara Gerin **pp. 17, 62**; Iara Freitas **p. 18**; Selene Pinto Coelho **p. 18**; Marival Veloso **p. 19**; Ana Claudia Michels **p. 25**; Izabella Tavares **p. 27**; Fabrícia **p. 32**; Fernando Bicudo **pp. 32, 46**; Barbara Fialho **pp. 51, 65, 106**; Ana Beatris de Barros **p. 54**; Alessandra Ambrósio **p. 55**; Ana Hickmann **pp. 59, 63**; Mariana Weickert **pp. 60-1**; Talytha Pugliese **pp. 60-1, 63**; Renata Klein **p. 62**; Fernando Johann **p. 62**; Rafael Agenta **p. 63**; Bárbara Berger **p. 67**; Maria Luiza Mendonça **pp. 76-7**; Drielle Valereto **p. 94**; Carol Trentini **pp. 94, 102**; Aline Weber **p. 100**; Cíntia Dicker **p. 104**; Angélica Sulzbach **p. 119**; Bruna Tenório **pp. 116-7**; Andréa Di Ragga **pp. 118-26**; Fernanda Takai **p. 129**; Gisela **pp. 130-1**; Alex Voltarelli **pp. 130-1**.

Agradecimentos

40 graus, Augusto Mariotti, Blue Models, Carlos Carrasco, Clarissa Neves, Designlândia, Ego, Elite Models, equipe Ronaldo Fraga, Esquimó, Ford Models, Ida Nogueira, L'Equipe Agence, Lumière, Marcos Costa, Mega Models, Nino Andrés, Paulo Weisberg, Roberta Marzolla, Ten Models, Viva Models, Way Models.

IMAGEM DA CAPA desenhos de Ronaldo Fraga, 2007

coleção MODA BRASILEIRA

organização JOÃO RODOLFO QUEIROZ, REINALDO BOTELHO;
coordenação editorial MARIANA LANARI; preparação CAMILA SARAIVA; revisão técnica MARIANA ROCHA; revisão TEREZA GOUVEIA, REGINA PEREIRA, CLAUDIA AGNELLI

projeto gráfico ELAINE RAMOS, FLÁVIA CASTANHEIRA; composição ANDRÉ GIACOMUCCI;
produção de imagens NATHALIE DE LA CHEVALERIE; produção gráfica LETÍCIA MENDES

Dados Internacionais de Catalogação na Publicação (CIP)
(Câmara Brasileira do Livro, SP, Brasil)

Ronaldo Fraga
São Paulo: Cosac Naify, 2007
160 pp., 190 ilust.

coleção Moda Brasileira ISBN 978-85-7503-669-3
ISBN 978-85-7503-644-0

1. Estilistas de moda — Brasil 2. Fraga, Ronaldo I. Série.
07-7879 CDD 746.92092

Índices para catálogo sistemático:
1. Estilistas de moda brasileiros: biografia 746.92092

COSAC NAIFY
Rua General Jardim, 770, 2º andar
01223-010 São Paulo SP
Tel [55 11] 3218 1444
Fax [55 11] 3257 8164
www.cosacnaify.com.br

Atendimento ao professor
[55 11] 3218 1473

PATROCÍNIO

MorumbiShopping

coleção MODA BRASILEIRA

Os cinco primeiros títulos desta coleção contemplam nomes já consagrados que contribuíram individualmente para a consolidação da moda no país.

Cada volume reúne prefácio, ensaio crítico, cronologia e uma farta documentação fotográfica, que pretende oferecer a estudantes, profissionais da área e interessados em geral uma visão panorâmica do universo do estilista.

Ainda que em caráter introdutório, a coleção fornece, em seu conjunto, uma perspectiva histórica da moda brasileira a partir dos anos 1950, registrando de forma breve e pontual os principais fotógrafos, modelos, cursos, entidades e eventos da área nas últimas décadas.

1 Alexandre Herchcovitch
2 Gloria Coelho
3 Lino Villaventura
4 Ronaldo Fraga
5 Walter Rodrigues

fonte WHITNEY papel COUCHÉ FOSCO tiragem 5.000
pré-impressão ATRATIVA E WAGNER FERNANDES
impressão KOMORI 8 CORES REVERSÍVEL, 200 LINHAS/PL² — GEOGRÁFICA